증권투자론

이성효 · 최정일 공저

남두도서

남두(南斗) : 남두육성(南斗六星)

은하의 중심인 사수자리에 있는 국자모양의 여섯 개의 별로서, 인간의 탄생을 결정하는 별로 알려져 있다.

머리말

주렁주렁 탐스런 포도를 재배하는 아주 성실한 포도밭 주인에게 아들이 하나 있었습니다. 그런데 그 아들은 굉장히 욕심꾸러기였습니다.

"맛좋고 품질 좋은 포도를 따려면 밭을 잘 가꾸는 것이 가장 중요하단다. 명심하거라. 아들아."

아버지는 늘 이렇게 아들에게 말했습니다.

몇 년 후, 아버지는 병이 들어 세상을 떠나게 되었습니다. 아버지가 돌아가시자 넓은 포도밭은 아들 것이 되었습니다. 아들은 즉시 일꾼들을 불러 말했습니다.

"자, 당장 포도밭 주위의 울타리를 없애 버리세요."

일꾼들은 영문을 몰라 어리둥절한 표정을 지으며 서 있었습니다.

넓은 포도밭 주위에는 빙 둘러 울타리가 쳐져 있었습니다. 돌아가며 심은 나무들이 울타리 노릇을 하고 있었던 셈이지요.

일꾼들이 새 주인의 눈치를 보며 조심스럽게 말을 꺼냈습니다.

"울타리를 없애버리면 안 됩니다."

"무슨 소리요. 여러 소리 말고 시키는 대로 하세요. 주인의 말을 듣지 않을 셈입니까?"

아들은 나무 울타리만 걷어 내면 그 자리에 훨씬 더 많은 포도나무를 심을 수 있다고 믿었습니다.

"첫, 이 나무에서 포도가 열리는 것도 아니잖아! 이 울타리가 무슨 소용이란 말이오?"

아들은 반대하고 나서는 일꾼들에게 호통을 쳤습니다.

"그렇지만 그것은 돌아가신 주인님께서 직접 만드신 것입니다."

"아버지는 돌아가셨소. 포도밭은 이제 내 것이오. 그 자리에 난 포도나무를 더 많이 심을 것이오."

결국 아들의 고집대로 포도밭 주위의 울타리는 모두 없어졌습니다. 그리고 그 자리에 포도나무가 들어섰습니다.

울타리가 없어지자, 사람도 동물도 마음대로 포도밭을 드나들게 되었습니다.

"이곳으로 가면 지름길이야."

사람들의 발길에 포도밭 땅은 점점 더 단단해졌습니다. 게다가 동물들도 함부로 밟고 다녀 포도밭은 엉망이 되고 말았습니다.

포도가 더 많이 열리기는커녕 그 풍요롭던 포도밭은 점점 거칠어져가더니 결국 포도나무들이 모두 죽고 말았습니다. 아들은 그제야 후회를 하며 눈물을 흘렸지만 모두 소용없는 일이 되어 버렸습니다.

– 이솝우화의 '욕심꾸러기 아들' –

증권투자에 앞서 가장 먼저 떠오른 단어가 '욕심'이었고, 마음을 비우는 투자가 무엇보다도 중요하게 다가왔습니다. 향후 증권시장에 나아가 큰 꿈을 실현하기 위해 많은 학생들이 노력하고 있을 것입니다. 한번쯤 이 우화가 무엇을 뜻하는지 돌이켜 보아도 좋을 것입니다.

투자론에 관한 좋은 저서가 주위에 많이 있습니다. 그 책들을 참고하여 공부도 했고 강의도 해 보았습니다. 하지만 분량이 너무 많아 한 학기에 모두 강의하기에는 다소 어려움이 있었습니다. 그래서 꼭 필요한 부분들만 참고하여 한 학기 교재로 간결하게 요약 정리해 보았습니다. 이 책을 작성하는 데 도움을 주신 여러 교수님들께 깊이 감사드립니다.

끝으로 이 책으로 공부하는 모든 학생들에게 행운이 따르기를 진심으로 바라는 마음입니다. 이 책이 나오기까지 수고해 주신 남두도서의 모든 분들께도 깊이 감사드립니다.

항상 즐거움이 가득하기를

저자들 씀

차　례

제1장

금융시장의 이해

1. 금융시장
2. 발행시장
3. 유통시장

금융시장의 기능과 구조 그리고 발행시장과 유통시장의 기능과 형태, 특징에 대해 살펴보고자 한다.

1. 금 융 시 장

금융시장(financial market)은 기업, 가계, 정부, 금융기관 등 경제주체들이 금융상품을 거래하여 필요한 자금을 조달하고 여유자금을 운용하는 증권거래소나 선물거래소 또는 장외시장 등을 말한다.

금융상품(financial instruments)은 현재 또는 미래의 현금흐름에 대한 법률적 청구권을 행사하는 화폐증서를 의미한다. 주식, 채권, 기업어음 등 기초자산과 선물, 옵션, 스왑 등 파생금융상품이 있다.

1.1 금융시장의 기능

금융시장은 국민경제에서 자금을 중개하는 기능을 수행한다. 금융시장은 주로 직접금융경로를 통해 자금공급부문의 여유자금을 흡수하여 자금부족부문에 공급한다. 국민경제에서 대표적인 자금공급부문으로 가계를 들 수 있다.

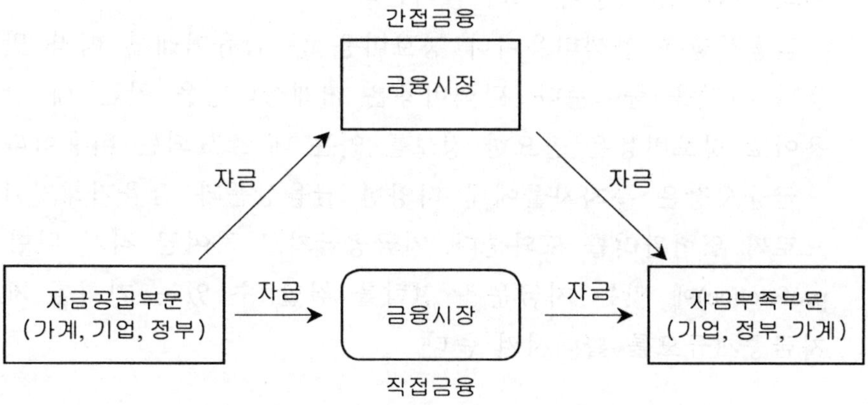

[그림 1-1] 금융시장과 자금흐름

일반적으로 가계는 현재와 미래의 소득수준 및 스스로의 시간선호를 감안하여 적정 소비규모를 결정하고 여유자금은 미래 소비를 위해 저축하는데 그 대부분을 금융자산으로 운용한다.

기업은 국민경제의 대표적인 자금부족부문으로 일시적인 여유자금을 금융자산으로 운용하기도 하지만 대부분 부족한 투자자금과 운영자금을 가계 등 자금공급부문에서 조달한다. 정부는 재정지수나 국제수지 상황 등에 따라 자금을 해외에 공급하거나 조달하기도 한다.

금융시장은 이러한 자금중개기능을 통해 국민경제의 후생을 증대시키며 소비자인 가계에게 적절한 자산운용 및 차입기회를 제공한다. 가계는 금융시장을 이용하여 여유자금을 금융자산에 투자하거나 현재 소비를 위해 자금을 차입하여 자신의 효용을 극대화할 수 있다.

금융시장은 수요자와 공급자 사이에 끊임없이 이루어지는 가격결정의 기능을 수행하고 있다. 금융자산가격은 금융시장에 공급되는 정보를 반영하여 투자자에게 전달하는 기능을 가지고 있다. 금융시장이 발달할수록 정보의 범위가 확대되고 정보의 전파속도가 빨라지는 것이 일반적이다.

금융시장은 금융자산을 보유한 투자자에게 높은 유동성(liquidity)을 제공한다. 금융시장이 발달할수록 투자자들은 언제든지 시장에 보유자산을 매각하여 자금을 회수할 수 있으므로 유동성 프리미엄이 낮아져 기업의 자금조달비용이 크게 줄어든다.

금융시장은 탐색비용이나 정보비용 등 금융거래에 따라 발생하는 비용과 시간을 줄여준다. 탐색비용은 거래상대방을 찾는 데 발생하는 비용이고 정보비용은 필요한 정보를 얻는 데 소요되는 비용이다.

금융시장은 투자자들에게 다양한 금융상품과 금융거래기회를 제공함으로써 위험관리를 도와준다. 자금공급자로 하여금 각자 위험선호도(risk preference)에 맞는 자금운용 전략을 취할 수 있는 기회를 제공해 주어 자금중개규모를 확대시켜 준다.

1.2 금융시장의 유형

금융시장은 금융상품의 만기에 따라 또는 금융상품의 거래장소 및 거래방법에 따라 구분하고 있다.

(1) 단기금융시장과 자본시장

금융시장은 금융상품의 만기를 기준으로 단기금융시장(money market)과 자본시장(capital market)으로 구분한다. 단기금융시장은 보통 1년 이내의 금융자산이 거래되는 시장을, 자본시장은 1년 이상의 장기채권이나 만기가 없는 주식이 거래되는 시장을 말한다.

단기금융시장은 기업, 개인, 금융기관이 일시적으로 여유자금을 운용하거나 부족자금을 조달하는 등 경제주체들의 유동성 보유에 따른 기회비용을 최소화하는 데 활용된다. 콜, 기업어음, 양도성예금증서, 환매조건부채권매매, 표지어음, 통화안정증권시장 등이 있다.

자본시장은 주로 기업과 정부 등 자금부족부분이 자금공급부문으로부터 장기간 필요한 자금을 조달하는 데 활용되고 있어 장기금융시장이라 부른다. 자본시장에는 주식이 거래되는 주식시장과 국채, 회사채, 금융채 등이 거래되는 채권시장이 있다.

단기금융상품은 채권이나 주식에 비해 거래가 대규모로 이루어지고 유동성이 높으며 만기가 짧아 금리변동에 따른 자본손실위험이 작다. 반면 채권은 단기금융상품에 비해 상대적으로 유동성이 낮으며 금리변동이 금융자산에 미치는 영향이 커서 시장위험이 크다.

채권은 정부, 금융기관, 우량기업은 물론 신용도가 낮은 기업도 발행할 수 있기 때문에 신용위험이 크다. 주식은 기업자산에 대한 청구권이 일반채권보다 후순위에 있을 뿐만 아니라 가격 변동폭이 커서 투자위험이 더욱 크다. 따라서 투자위험을 회피하기 위해 선물, 옵션, 스왑 등 파생금융상품에 대한 투자를 병행하기도 한다.

(2) 거래소시장과 장외시장

금융시장은 금융상품의 거래장소와 거래방법에 따라 거래소시장과 장외시장으로 구분한다.

〈표 1-1〉 거래소시장과 장외시장의 비교

	거 래 소 시 장	장 외 시 장
시 장 구 조	통합	딜러/브로커 시장과 대고객 시장으로 구성
거 래 흐 름	다자간 거래	쌍방거래
가 격 형 성	주문결정방식	호가결정방식
거래정보의 투명성	높음	상대적으로 낮음
거래상대방 익명성	높음	상대적으로 낮음
딜 러	반드시 필요하지 않음	거래실행을 위해 필요
거 래 규 칙	표준화	비표준화

거래소시장은 시장참여자가 특정상품에 대한 매수·매도 주문(bid-ask order)을 중앙집중적 장소인 거래소에 보내고, 거래소는 이를 경쟁입찰원칙 등 표준화된 규칙에 의해 처리하는 조직화된 시장으로 장내시장이라 부른다. 거래단계가 다면적이고 거래소에 집중된 매수·매도주문의 상호작용에 의해 가격이 결정된다. 거래상대방을 알 수 없으며 거래정보가 투명하다는 점이 특징이다. 증권거래소와 선물거래소가 있으며 증권회사와 선물회사가 회원으로 가입하여 상장주식, 채권, 선물, 옵션 등을 거래하고 있다.

장외시장은 거래소 이외의 장소에서 상장 또는 비상장 유가증권의 거래가 이루어지는 시장을 말한다. 직접거래시장과 딜러/브로커 등이 거래하는 점두시장(over the counter market)으로 구분한다.

직접거래시장은 매매당사자 사이에 개별적인 접촉에 의해 거래가 이루어지므로 동일한 시간에 동일한 상품의 가격이 서로 다르게 결정되는 등 비효율적인 면을 지니고 있다.

점두시장은 딜러/브로커 간 시장과 대고객시장으로 구분되는데 모두 딜러/브로커 상호 간 또는 딜러/브로커와 고객 간의 쌍방거래로 이루어진다. 거래가격은 딜러/브로커가 공시한 매수·매도 호가를 거래상대방이 승낙하여 결정하기 때문에 거래정보의 투명성이나 거래상대방의 익명성이 낮은 것이 특징이다.

대표적인 장외시장으로는 장외채권시장, 장외주식의 호가중개시장인 제3주식시장, 단기금융시장, 외환 및 외환파생상품시장 그리고 금리스왑시장 등이 있다.

1.3 금융시장의 구조

우리나라 금융시장은 자금의 조달 및 운용과 관련하여 전통적 금융시장과 외환시장, 파생금융상품시장으로 구분한다.

전통적 금융시장은 금융자산의 만기에 따라 1년 이내의 단기금융시장과 1년 이상의 자본시장으로 구분한다. 단기금융시장에는 콜, 환매조건부채권매매, 양도성예금증서, 기업어음, 표지어음, 통화안정증권 등이 있다. 자본시장은 채권시장과 주식시장으로 구분한다.

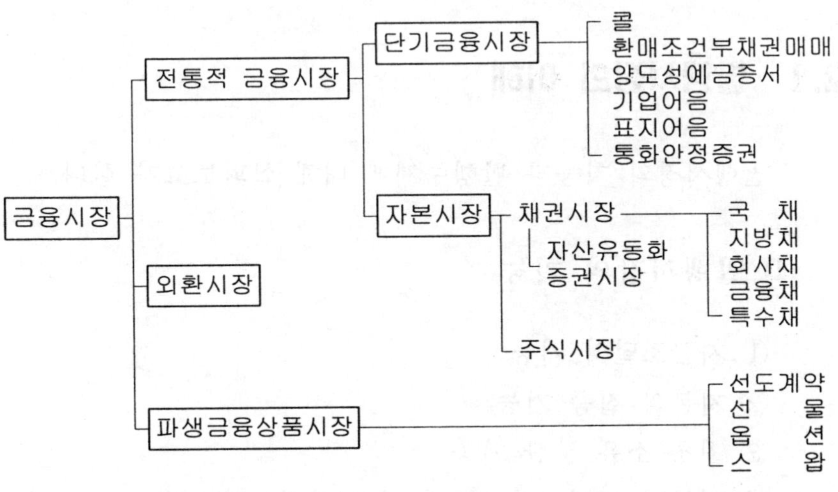

※ 참고 : 한국은행, 2001년

[그림 1-2] 금융시장의 구조

외환시장은 외환의 수요와 공급에 따라 외환자산이 거래되는 시장이다. 우리나라의 외환시장은 교역규모 확대와 외환자유화 및 자본시장개방, 자유변동환율제 도입 등으로 거래가 활발히 이루어지고 있다. 외환시장은 점두시장으로서 매매 당사자에 따라 은행간시장과 은행과 기업 등 고객 사이에 거래가 이루어지는 대고객시장으로 구분된다.

파생금융상품시장은 전통적 금융시장과 외환시장의 거래결과 발생하는 위험을 관리하기 위해 널리 활용하는 시장이다. 우리나라는 외환파생상품위주로 발전해 왔으나 1990년대 중반 이후 주가지수 선물 및 옵션시장 등이 도입되면서 거래수단이 다양해지고 거래규모도 확대되고 있다.

2. 발 행 시 장

발행시장은 자금을 필요로 하는 기업, 국가, 공공단체 등이 발행주체가 되어 주선기관 또는 인수기관을 통해 자금공급자인 투자자에게 증권을 매각하여 자금을 조달하는 시장이다. 새로운 증권이 최초로 출현하는 시장이라는 점에서 제1차시장(primary market)이라 부른다.

2.1 발행시장의 이해

발행시장의 기능과 발행주체에 대해 살펴보고자 한다.

(1) 발행시장의 기능

① 자금조달의 기능
② 자본의 집중 기능
③ 최초 소유 분산 기능
④ 정부의 공개시장조작에 의한 경제조정 기능
⑤ 투자수단의 제공 기능

(2) 발행시장의 발행주체

① 주식이나 회사채를 발행하는 주식회사
② 국공채를 발행하는 국가 및 지방자치단체
③ 특별법에 의하여 설립된 법인(특수법인, 특수은행)
④ 국내에서 유가증권을 발행하는 외국법인

2.2 발행시장의 형태

발행방식에 따라 공모발행과 사모발행으로 구분하고, 발행주체에 따라 직접발행과 간접발행으로 구분하고 있다.

(1) 공모발행과 사모발행

① 공모발행

주식의 경우 주식회사를 설립한 후 자금조달을 목적으로 신주를 발행할 때 발행주식을 회사와 관련이 없는 투자자로부터 동일한 가격과 조건으로 모집하게 된다.

채권의 경우 발행가격과 이자율, 상환기간 등 일정한 조건을 제시하고 투자자를 모집하여 자금을 납입하게 하고 채권을 교부하면 된다. 공모발행은 대부분 발행주체가 모집능력이 떨어지므로 간접발행의 형태를 취한다.

② 사모발행

발행주체가 특정의 투자자만을 대상으로 유가증권을 발행하는 방법이다. 사모발행은 대부분 직접발행의 형태를 취한다.

(2) 직접발행과 간접발행

직접발행은 발행주체가 스스로 발행위험을 부담하고 발행모집사무를 직접 행하여 유가증권을 발행하는 방법이다.

간접발행은 발행주체가 인수기관 또는 발행사무대행기관 등 중개인(증권회사 등)의 도움을 받아 간접적으로 발행하는 방법이다. 발행위험 부담방법에 따라 모집주선, 잔액인수, 총액인수 등이 있다.

2.3 주식 발행시장

기업이 자금을 조달하기 위해 주식을 발행하며 배당 및 의결권 행사 등에 따라 다양하게 구분하고 있다.

(1) 주식의 개념

주식은 주식회사 형태를 취한 사적기업이 발행한 출자증권으로 필요한 자본을 조달하기 위해 발행된 유가증권이다.

(2) 주식의 종류

① 보통주, 우선주, 후배주, 혼합주
② 의결권주, 무의결권주
③ 액면주, 무액면주
④ 기명주, 무기명주
⑤ 보증주, 상환주, 전환주
⑥ 유상주, 무상주

3. 유 통 시 장

유통시장은 이미 발행된 유가증권이 투자자 상호 간에 거래되는 시장을 말한다. 현재 거래법상 인정되는 유가증권시장은 증권거래소시장(상장시장)과 협회중개시장(코스닥시장)이 있다.

3.1 유통시장의 이해

유통시장은 유가증권의 시장성을 높여주고 가격결정의 역할을 하며 거래가 경쟁적인 시장이다.

(1) 유통시장의 기능

유통시장은 주식이나 채권의 시장성과 유통성을 높여 투자자의 투자를 촉진시키고 유가증권의 담보력을 높여준다. 또한 발행시장에서의 장기자본조달을 원활하게 해준다. 유통시장에서 유가증권의 시장성과 유통성은 유통시장은 다수의 투자자가 참여하는 자유경쟁시장으로 주식이나 채권의 공정한 가격 형성뿐만 아니라 앞으로 발행될 새로운 증권의 가격을 결정하는 역할도 한다.

(2) 유통시장의 특징

유통시장은 거래가 경쟁적이며 구체적이고 조직적이며 계속적인 제2차시장(secondary market)이라고 부른다.

(3) 유통시장의 형성 요건

자본전환의 자유성과 유가증권 발행량의 대량성 및 소유의 분산성에 있다.

(4) 유통시장의 구조

증권유통시장은 증권거래소시장과 장외시장의 두 시장조직으로 형성되어 있으며 거래대상에 따라 주식유통시장과 채권유통시장으로 구분된다. 증권유통시장은 투자자 상호 간 거래에 의해 형성되지만 실제로는 증권회사의 중개에 의해 성립된다.

3.2 증권거래소

증권거래소는 유가증권의 가격형성과 자본전환의 기능을 가지고 있으며 회원조직으로 설립된 법인이다.

(1) 의 의

증권거래소(stock exchange)는 구체적이고 조직적이며 상설적이고 경쟁적인 유가증권시장을 의미한다. 증권거래법상 증권거래소는 유가증권 가격의 공정한 형성과 안정 및 유통의 원활을 기하기 위해 유가증권시장을 개설하는 것을 목적으로 설립된 회원조직으로서의 법인을 말한다.

(2) 시장경제적 기능

① 자본전환기능
② 가격형성기능
③ 가격평준화기능

(3) 매매거래 및 결제제도

① 당일결제거래

매매계약을 체결한 당일에 결제가 이루어지는 거래방법(예 : 소액채권)

② 보통거래

매매계약을 체결한 날로부터 3일째 되는 날(영업일 기준)에 결제가 이루어지는 것(예 : 주식, 코스닥)

연 습 문 제

1. 금융시장의 기능과 유형에 대해 설명하시오.

2. 직접금융시장과 간접금융시장의 기능과 차이점을 설명하시오.

3. 단기금융시장과 자본시장의 의미와 차이점에 대해 설명하시오.

4. 거래소시장과 장외시장을 서로 비교하여 설명하시오.

5. 기업의 소유와 경영이 분리될 수 있는 이론적 배경에 대해 설명하시오.

6. "증권시장은 자본주의 꽃이다."라고 합니다. 그 이유를 설명하시오.

7. 발행시장의 기능과 형태에 대해 설명하시오.

8. 유통시장의 가격형성기능의 중요성에 대해 설명하시오.

9. 증권거래소의 의의와 기능에 대해 설명하시오.

10. 금융시장과 증권시장에 대해 평소 알고 있는 바를 설명해 보시오.

제2장

경제 및 산업분석

1. 경제 및 산업분석의 체계
2. 경제분석
3. 산업분석

증권분석을 위해 먼저 경제분석과 산업분석에 대해 살펴보고자 한다. 경제요인으로는 경기순환, 국민소득, 환율, 인플레이션, 이자율 등이 있으며 산업요인으로는 성장성, 시장규모, 경쟁관계, 비용구조, 제품수명사이클, 노사관계 등이 있다.

1. 경제 및 산업분석의 체계

주식투자를 위해 기업의 내재가치를 평가하고 주가의 적정성을 판단해야 한다. 주식의 투자가치를 결정하는 요인에는 기업 내적인 요인뿐만 아니라 경제 및 산업요인 등과 같은 기업 외적인 요인도 영향을 미치기 때문에 이들 요인들도 분석해야 한다.

예를 들어 경기순환국면, 국민총생산, 환율, 원자재가, 인플레이션, 이자율 등과 같은 경제적 요인들은 개별기업의 매출액과 매출원가에 영향을 미쳐 궁극적으로 기업의 주가에 영향을 주게 된다.

경제-산업-기업분석의 체계로 이루어지는 투자분석은 투자결정에 있어 다양하게 활용될 수 있다. 경제상황에 따라 채권, 주식, 부동산 등 개별 투자대상의 선택을 결정하고 투자자산의 비중을 조절할 수 있다.

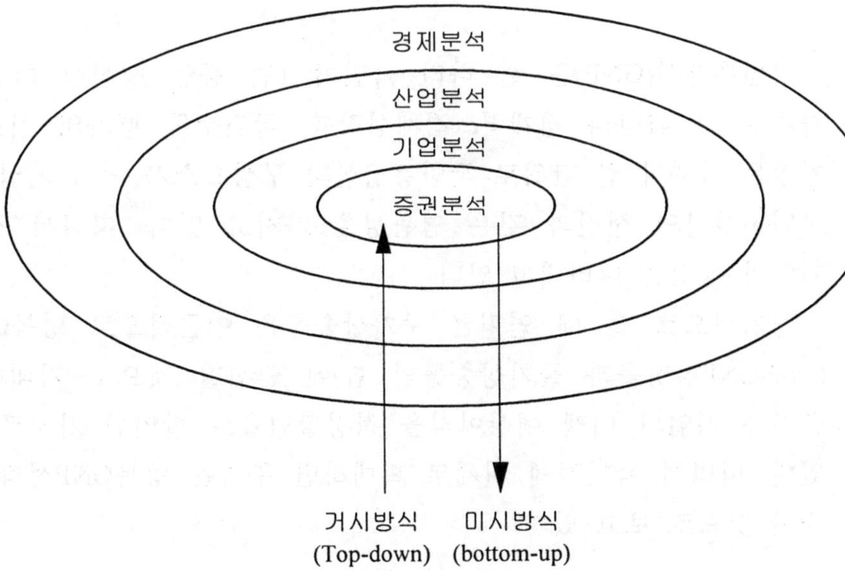

[그림 2-1] 기본적 분석의 틀

주식을 투자대상으로 결정했다면 어떤 산업의 주식이 유망한지 판단해야 하는데 이를 위해 산업분석이 필요하다. 투자결정의 마지막은 특정산업 내 어떤 종목에 투자할 것인지를 판단하는 것이다. 산업 내에서 투자가치가 높은 종목을 찾기 위해서는 시장점유율, 수익성, 성장성 등 다양한 지표를 이용하여 기업분석을 해야 한다.

2. 경 제 분 석

주가는 경제 전체의 움직임과 밀접한 관련이 있다. 따라서 주가의 장기적 흐름을 파악하기 위해서는 현재의 경제상황을 면밀히 분석하고 장래의 경제상황 변화를 예측할 수 있어야 한다.

2.1 국민총생산과 주가

국민총생산(GNP)은 한 나라 국민이 1년 동안 생산한 최종생산물의 가치로 그 나라의 경제력, 경제성장률, 국민소득 평가의 기초가 된다. 기업은 경제의 한 단위로 국민총생산의 구성요소가 되며 기업의 성장은 국민총생산의 성장과 깊은 연관성을 가지고 있다. 따라서 경제성장은 기업의 성장을 나타내고 있다.

장기적으로 볼 때 연평균 주가상승률은 이론적으로 명목GNP성장률(실질GNP성장률과 물가상승률의 합)에 근접할 것으로 기대하고 있다. 주가는 기업의 미래 예상이익을 적정할인율로 할인한 가치로 평가하고 있다. 따라서 국민경제 전체로 확대하면 주가는 명목GNP성장률만큼 상승할 것으로 보고 있다.

2.2 이자율과 주가

주가는 투자자들이 기대할 수 있는 미래현금흐름을 그 주식의 요구수익률로 할인한 현재가치라 할 수 있다. 요구수익률은 위험프리미엄이 반영된 시장금리, 즉 이자율이므로 이자율이 상승하면 주가는 하락하게 된다.

이자율 변동은 기업의 금융비용을 변동시켜 기업의 미래이익에도 영향을 미치게 된다. 예를 들어 타인자본 의존도가 높은 기업의 경우 이자율 상승으로 금융비용이 증가하게 되면 수익이 감소하면서 궁극적으로 주가가 하락하게 된다.

2.3 인플레이션과 주가

인플레이션은 물가가 지속적으로 상승하거나 화폐가치가 지속적으로 하락하는 현상을 말한다. 인플레이션이 발생하면 동일한 화폐로 물건을 살 수 있는 구매력이 감소하게 된다. 또한 채권이나 은행예금 등 금융자산의 실질가치가 하락하기 때문에 금융자산보다는 부동산이나 귀금속, 골동품 등 실물자산에 투자하는 것이 바람직하다.

인플레이션이 발생하면 기업보유자산의 명목가치가 상승하게 되어 자산재평가를 통해 무상증자가 가능해질 수도 있다. 그러나 인플레이션 상승이 명목수익률 상승보다 클 경우에는 실질수익률이 감소하게 되어 투자자의 자금이 부동산 등 실물자산으로 유입하게 된다. 결국 주가하락이 나타난다.

인플레이션 발생으로 기업의 과세대상소득이 인플레이션 효과만큼 과대 계상되므로 기업의 조세지출이 늘어나면서 기업의 실질가치가 감소하게 된다. 또한 인플레이션 발생은 할인율이 되는 자본비용을 증가시켜 기업의 내재가치를 감소시키게 한다. 그 결과 주가는 하락한다.

2.4 환율과 주가

환율은 자국통화와 타국통화에 대한 교환비율이다. 환율은 외환시장에서 수요와 공급에 의해 결정되지만 실제로는 국제수지, 물가, 금리 등 복합적인 요인에 의해 결정된다. 환율변동은 수출입, 경제성장, 국제수지, 물가 등 경제전반에 영향을 주고 기업의 채산성과 대외경쟁력을 변화시켜 주가에도 영향을 준다.

환율상승(평가절하)은 자국의 화폐가치가 하락하게 되므로 자국민의 구매력이 줄어들면서 상대국의 구매력을 향상시키는 효과를 가지기 때문에 수입이 감소하면서 수출이 증가하는 경향이 있다. 따라서 환율상승은 수출비중이 높은 기업의 대외경쟁력 및 채산성이 개선되면서 주가가 상승하게 된다.

반면 환율상승은 수입원자재가격을 상승하게 하여 제품가격을 상승시키고 인플레이션이 나타나게 한다. 특히 외화표시 부채가 큰 기업은 급격한 환율상승으로 인해 상당한 환차손을 입게 된다.

한 나라의 무역불균형은 환율변동에 의해 영향을 받기도 하지만, 지속적인 무역적자나 흑자는 환율변동에 영향을 주기도 한다. 예를 들어 무역적자가 계속되면 무역결제에서 타국통화에 대한 수요가 많아지게 되므로 자국통화의 가치가 하락하게 된다. 결과적으로 제품가격과 물가를 변화시켜 기업채산성에 악영향을 주게 된다.

2.5 정부의 경제정책과 주가

정부의 경제정책은 정부지출과 세제변화를 통한 재정정책과 통화량과 이자율 조절을 통한 금융정책으로 크게 구분해 볼 수 있다.

재정정책은 정부가 사회간접자본에 투자를 확대하거나 세율을 인상하는 등의 방법으로 경제의 수요측면에 영향을 주는 정책이다. 예를 들어 소비가 감소하여 생산이나 성장이 둔화되는 경우 사회간접자본에 투자하거나 세율 인하를 통해 소비와 투자를 확대하기도 한다.

금융정책은 통화량이나 이자율 조절을 통해 궁극적으로 투자와 소비 수요에 영향을 미치는 정책이다. 금융정책수단으로는 시중은행의 지불 준비율 변경, 중앙은행의 재할인율 변경 등이 있다.

재정정책이나 금융정책은 경제전체에 영향을 미치게 하면서 기업이 접하는 환경을 변하게 한다. 정부가 투자나 소비를 활성화시키는 정책을 실시하면 기업의 매출이 증가하면서 주가가 상승하게 된다. 반대로 정부가 경기과열을 우려하여 투자와 소비를 줄이는 정책을 수행하면 기업의 매출이 감소하면서 주가가 하락하게 된다.

2.6 경기순환과 주가

한 나라 국민경제는 일정한 규칙성을 지니며 움직이는 경향이 있는데 이를 경기순환(business cycle)이라 한다. 주가는 경기순환과 밀접한 관계를 가지고 있으며 주가는 경기에 선행하여 움직이는 경향이 있는 것으로 알려져 있다.

경기순환은 경제활동수준의 전환점이 정점과 저점을 기준으로 저점에서 정점에 이르는 확장국면과 정점에서 저점에 이르는 수축국면으로 이루어져 있다. 확장국면은 회복기와 활황기로, 수축국면은 후퇴기와 침체기로 구분하고 있다.

경기순환상 정점에 가까운 활황기와 후퇴기를 호황국면이라 하고 저점에 가까운 침체기와 회복기를 불황국면이라 부른다. 경기는 침체기에서 회복기, 활황기, 후퇴기를 반복하며 순환하고 있다.

경기침체기에서는 재고가 최고조에 달하고 매출은 최저수준에 머물러 국민경제 전체적으로 상당한 규모의 초과설비능력이 존재하게 된다. 경기침체가 계속되면 통화당국은 신용공급을 확대하고 이자율을 낮춘다. 정부가 재정지출을 확대하면서 주식시장이 어느 정도 폭락사태를 겪고 난 후 안정되면서 서서히 회복하기 시작한다.

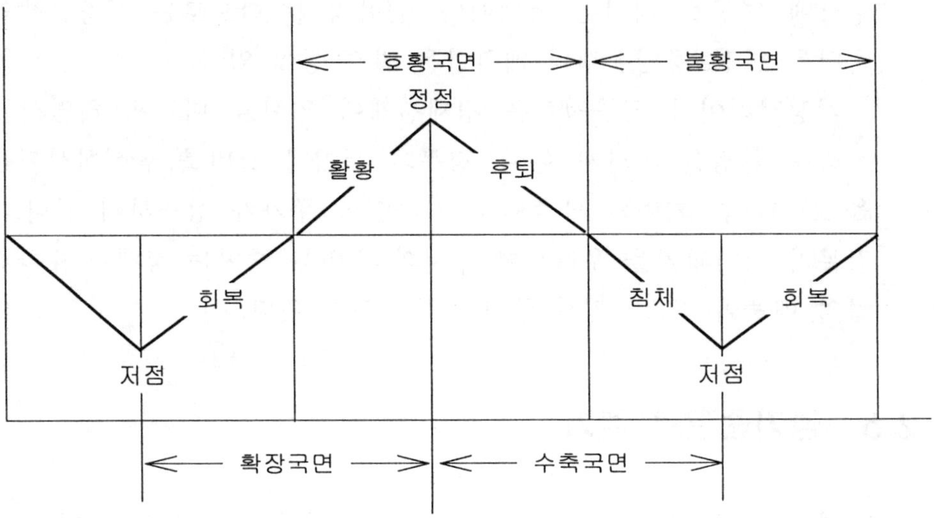

[그림 2-2] 경기순환국면

소비가 늘어나면서 경기가 회복될 기미를 보이고 기업들의 매출액이 증가하기 시작한다. 경기호전을 기대하는 기업들은 생산을 확대하기 위해 고용을 늘린다. 기업의 생산증가는 근로자의 소득증가로 연결되고 소비지출도 늘어난다.

경기가 회복되면 기업들은 자본재 구입을 늘리는 등 경제의 확장상황은 계속된다. 설비투자 확대로 생산능력이 시장수요를 초과하게 되면 재고가 증가하게 된다. 기업들은 재고를 줄이기 위해 설비투자 계획을 축소하고 생산을 감소한다. 결국 경제상황은 다시 경기수축을 거치며 침체상황으로 움직이게 된다.

주식시장은 경기변동보다 일반적으로 6개월에서 9개월 정도 선행하는 것으로 알려져 있다. 증권투자에 있어 경제상황에 대한 예측이 의미를 갖는 것은 이처럼 주식시장이 경제상황을 선행하여 반영하기 때문이다.

3. 산 업 분 석

주식투자를 위한 산업분석은 여러 산업 중에서 경쟁력 있고 미래전망이 좋은 산업이 무엇인지를 선별하는 평가기준을 마련하기 위한 것이다. 산업분석을 위해 경쟁구조분석, 제품수명주기 및 수요공급 결정요인에 대해 살펴보고자 한다.

3.1 경쟁구조 분석

한 기업의 성장성과 수익성은 그 기업이 속해 있는 산업의 경쟁강도와 성장 가능성 등의 영향을 받는다. 경쟁이 약한 산업에 속해 있는 기업은 수익성과 안정성이 양호한 데 반해 경쟁이 치열하고 구조적으로 취약한 산업에 속해 있는 기업은 양호한 경영성과를 기대하기 힘들 것이다. 따라서 기업의 미래성과를 전망하기 위해서는 산업의 경쟁에 영향을 미치는 요인에 대한 분석이 필요하다.

포터(Porter)에 따르면 산업의 경쟁은 시장진입장벽, 대체상품의 존재, 산업 내 기존업체 간의 경쟁 정도, 구매자의 교섭력, 공급자의 교섭력 등 구조적 요인의 영향을 받는다고 보고 있다.

(1) 진입장벽

진입장벽이 높은 산업에 이미 진입한 기업들은 수익성이 높고 영업환경이 안정적인 데 반해 진입장벽이 낮은 산업에 속한 기업들은 수익성이 낮고 다양한 위험에 노출되어 있다.

일반적으로 규모의 경제가 존재하여 생산규모를 늘임에 따라 비용이 감소하는 경우 새로운 기업의 진입이 쉽지 않을 것이다. 또한 제품의 차별화로 일정한 독점적 지위를 유지하고 있거나 그 산업에 진입하기 위해 대규모 자본투자가 필요한 경우 진입장벽이 존재한다고 할 수 있다. 기존판매망이 견고하여 새로운 기업이 그 판매망과의 경쟁이 어렵거나 정부의 제도적 진입규제가 있는 경우에도 진입장벽이 높다고 할 수 있다.

(2) 대체상품의 존재

어떤 기업의 상품이 기존상품과 대체 가능성이 높은 경우 대체상품의 존재가 기존상품의 가격을 결정하는 데 영향을 미치게 된다. 기존상품의 가격을 과도하게 인상하면 소비자는 기존상품보다는 대체가 가능한 상품으로 수요를 변경하게 된다. 따라서 대체상품의 품질이 우수할수록 기존상품 가격의 인상이 어려울 것이고 두 상품 사이에 가격경쟁이 심해질 것이다.

(3) 산업 내 기존업체 간의 경쟁 정도

특정산업 내 기업 간 경쟁이 심한 경우 이 기업들의 수익성은 좋지 않을 것이다. 이 기업들은 가격, 품질, 대고객서비스 등 다양한 방법으로 시장점유율을 확보하고자 경쟁할 것이다.

산업 내 기업 간 경쟁이 심하다는 것은 경쟁기업의 수가 많거나 산업자체의 성장이 둔화되고 있는 경우이다. 또한 기업 간 가격경쟁의 가능성이 높거나 원가절감이 어렵고 제품의 차별화가 힘들거나 시설확장을 위해 대규모 투자가 필요한 경우 산업 내 경쟁이 치열하다고 할 수 있다.

(4) 구매자의 교섭력

원료나 제품을 구매할 때 독점적 지위를 갖는 구매자는 소규모의 공급기업들을 서로 경쟁시킴으로써 구매가격을 낮추거나 품질향상 및 서비스 증대 등을 요구할 수 있다. 교섭력 우위에 있는 구매자는 가격 및 품질의 결정이나 결제방법의 결정에 있어 큰 영향력을 행사할 수 있어 높은 수익을 얻을 수 있다.

(5) 공급자의 교섭력

원료나 제품의 공급자가 독점인데 구매자가 다수인 경우 공급자는 공급가격 인상, 제품 및 서비스의 질 하락 등 다양한 방법을 통해 이익을 증가시킬 수 있다.

3.2 제품수명주기이론

모든 제품은 시간의 경과에 따라 시장 내의 경쟁정도, 제품의 기술적 우열, 소비자의 선호도 변화 등으로 인해 도입기·성장기·성숙기·쇠퇴기의 4단계를 거치게 된다. 이를 제품수명주기(product life cycle)라 한다.

(1) 도입기

도입기에는 제품의 품질이 열악하고 기술수준이 낮은 반면 생산원가는 높은 편이다. 시장의 경쟁이 약하여 높은 가격을 유지할 수 있으나 높은 원가로 인해 수익성이 크지 못하다.

(2) 성장기

제품이 성장기에 진입하게 되면 기술수준이 높아지고 제품 간 차별화가 진행된다. 또한 기존기업들이 조업률을 높이고 대량생산체계를 구축하는 동안 신규기업이 계속 진입하면서 산업의 성장률이 증가한다. 이 시기에는 가격수준이 높아 높은 수익성을 유지할 수 있다.

(3) 성숙기

성숙기에 접어들면 품질이 최고조에 이르게 되나 제품 간 차별성은 줄어들어 디자인이나 포장 등과 같은 비품질경쟁이 심화된다. 조업도는 약간 낮아지고 부분적으로 잉여설비가 발생하면서 가격경쟁이 높아진다. 높은 경쟁으로 가격이 하락하기 때문에 수익이 감소한다.

(4) 쇠퇴기

제품이 쇠퇴기에 이르면 제품 간 차별화는 거의 사라지고 조업도가 낮아진다. 과잉설비의 문제가 발생하고 낮은 가격과 낮은 마진으로 수익성은 악화되면서 시장에서 퇴출되는 기업들이 증가하게 된다.

결국 투자대상 기업이 속해 있는 산업이 어느 단계에 있는지 분석함으로써 그 산업의 미래 수익성을 평가하고 전망해 볼 수 있다.

3.3 수요와 공급요인 분석

특정산업의 성공여부는 그 제품에 대한 수요와 공급에 의해 결정된다. 그 산업의 성장 가능성을 평가하고 예측하기 위해서는 수요와 공급에 영향을 미치는 요인들에 대한 산업 내 변화를 분석함으로써 투자의 평가기준으로 사용할 수 있을 것이다.

(1) 수요요인

제품에 대한 수요기반이 안정적이고 국내외로 진출 가능성이 높으면 당연히 그 산업의 미래전망은 밝을 것이다.

예를 들어 경기변화나 가격변화에 대해 수요가 크게 변하지 않는다면 그 제품에 대한 수요는 안정적이라고 할 수 있다. 내수수요가 증가하거나 해외시장으로의 진출 가능성이 높은 경우 그 산업의 미래성장은 매우 높을 것이다.

따라서 국내외 수요기반의 안정성과 국내외 추가진출 가능성 등을 살펴보아야 할 것이다.

(2) 공급요인

기업들이 생산 · 공급하는 제품의 생산원가가 낮아 가격경쟁력을 가지고 있거나 품질 및 디자인의 우수성과 기술의 독창성을 지니고 있어 비가격부문에서 경쟁력을 가지고 있으면 그 산업의 전망은 밝을 것이다.

가격경쟁력은 물가, 원자재가격, 인건비, 금융비용 등의 변화에 의해 영향을 받고 있다. 대외의존적인 산업은 환율변화에 민감하게 영향을 받을 것이다. 이러한 요인들의 분석을 통해 그 산업의 가격경쟁력이 강화될지 약화될지 판단해 볼 수 있다.

제품의 품질과 디자인 그리고 기술수준 등이 비가격부문에서 경쟁력이 있는지 살펴보기 위해서는 시장점유율, 소비자인지율, 특허권 및 상표권의 소유 등을 분석해야 한다. 이러한 요인들의 분석을 통해 그 산업이 유망한지 여부를 판단해 볼 수 있다.

연 습 문 제

1. 경제 및 산업분석의 체계인 거시방식과 미시방식에 대해 설명하시오.

2. 경제성장률과 이자율이 주가에 어떠한 영향을 미치는지 설명하시오.

3. 인플레이션과 환율이 주가에 어떠한 영향을 미치는지 설명하시오.

4. 경기순환과정의 특성 및 경기순환과 주가와의 관계에 대해 설명하시오.

5. 산업 내 경쟁구조가 기업의 수익성에 어떠한 영향을 미치는지 설명하시오.

6. 제품수명주기의 각 단계별 과정과 기업의 수익성에 대해 설명하시오.

7. 수요와 공급 요인이 기업의 수익성에 미치는 영향에 대해 설명하시오.

8. 정부의 재정정책과 금융정책에 대해 설명하시오.

9. 주가에 영향을 미치는 경제변수의 요인에 대해 설명하시오.

10. 주가에 영향을 미치는 산업변수의 요인에 대해 설명하시오.

제3장

기본적 분석

기본적 분석은 기업의 내재가치를 평가하기 위한 증권분석이다. 기본적 분석에서 기업의 내재가치를 평가하기 위해서는 미래의 기대이익 및 배당을 예측해야 한다. 내재가치를 평가하여 시장가격과 비교함으로써 어떤 주식이 과소 또는 과대평가되어 있는지 분석하는 방법이다.

1. 배당성장모형

주식의 현재가치는 미래의 현금흐름을 나타내며 미래의 현금흐름은 배당수익과 매각수익으로 구성되어 있다. 그러나 주식을 영구히 보관하게 되면 주식의 미래 현금흐름은 배당흐름만으로 구성된다. 따라서 주식의 현재가치는 미래배당의 현재가치의 합으로 정의하는데, 이를 배당성장모형(dividend growth model)이라 부른다.

1.1 배당성장모형의 이해

배당성장모형을 산출하기 위해 먼저 주식의 현재가치를 다음과 같이 표현해 보자.

$$P_0 = \frac{D_1}{1+r} + \frac{P_1}{1+r} \tag{3-1}$$

여기서, P_0 = 주식의 현재가치

D_1 = 1기 후 지급되는 배당

P_1 = 1기 후 주가

r = 요구수익률(할인율)

1기 후, 주식의 현재가치는 다음과 같다.

$$P_1 = \frac{D_2}{1+r} + \frac{P_2}{1+r} \tag{3-2}$$

P_0식에 P_1식을 대입하면 다음과 같다.

$$P_0 = \frac{D_1}{(1+r)^1} + \frac{D_2}{(1+r)^2} + \frac{P_2}{(1+r)^2} \tag{3-3}$$

2기 후, 3기 후, …, 계속해서 연속적으로 주식의 현재가치를 확장하여 계산할 수 있다. 이 경우 무한대로 시간을 확장하면 미래주가의 현재가치는 제로가 된다. 따라서 주식의 현재가치는 첫 기에 시작해서 영구히 산출되는 배당의 현금흐름만으로 구성된다.

$$P_0 = \frac{D_1}{(1+r)^1} + \frac{D_2}{(1+r)^2} + \cdots\cdots + \frac{D_\infty}{(1+r)^\infty} \tag{3-4}$$

배당성장모형은 영구히 산출되는 배당을 할인해서 주식의 현재가치를 계산한다. 그러나 모든 시점의 배당을 예측해야 하므로 현실적으로 가능성이 적다. 따라서 배당흐름에 대한 가정을 달리하여 몇 가지 단순한 패턴으로 유형화하였다.

① 배당이 일정한 율로 성장하는 경우 : 일정성장모형
② 배당이 제로 성장률을 나타내는 경우 : 제로성장모형
③ 배당이 일정기간 후 일정한 율로 성장하는 경우 : 다단계성장모형

1.2 일정성장모형

일정성장모형(constant growth model)은 주당배당이 매년 일정한 비율(g)로 영구히 성장하는 경우로서 일명 고든(Gordon) 모형이라 부른다. 주식의 현재가치는 다음과 같이 표시한다.

$$\begin{aligned} P_0 &= \frac{D_1}{(1+r)^1} + \frac{D_2}{(1+r)^2} + \cdots\cdots + \frac{D_\infty}{(1+r)^\infty} \\ &= \frac{D_0(1+g)^1}{(1+r)^1} + \frac{D_0(1+g)^2}{(1+r)^2} + \cdots\cdots + \frac{D_0(1+g)^\infty}{(1+r)^\infty} \end{aligned} \tag{3-5}$$

여기서, D_0 = 현재배당
g = 배당성장률

성장률 g가 할인율 r보다 작은 경우($r > g$) 현금흐름의 현재가치를 정리하면 다음과 같다.

$$P_0 = \frac{D_0(1+g)}{r-g} = \frac{D_1}{r-g} \qquad (3\text{-}6)$$

예제 1 현재 배당이 2,000원, 요구수익률이 10%, 배당성장률이 5%라 한다. 이 경우 주식의 현재가치는 얼마나 될까? 5년 후 주가는 얼마나 될까?

해답 ① 주식의 현재가치

배당이 일정한 율로 성장하는 경우이므로 식 (3-6)을 이용하여

$$\text{주식의 현재가치} = \frac{2{,}000\text{원}\,(1+0.05)}{0.10-0.05} = 42{,}000\text{원}$$

② 5년 후 주가

먼저 6년 후 배당금을 구한다.

$$\begin{aligned} D_6 &= 2{,}000\text{원} \times (1+0.05)^6 \\ &= 2{,}000\text{원} \times 1.3401 \\ &= 2{,}680\text{원} \end{aligned}$$

따라서

$$P_5 = \frac{2{,}680\text{원}}{0.10-0.05} = 53{,}600\text{원}$$

1.3 제로성장모형

제로성장모형(zero-growth model)은 기업이 성장하지 않고 미래의 배당성장률이 0%인 것으로 가정하는데, 이 경우 배당은 $D_1 = D_2 = \cdots\cdots = D$ 이 성립되어 항상 일정하다. 제로성장모형은 식 (3-6)에서 성장률 $g = 0$ 인 경우로서 다음과 같이 나타낸다.

$$P_0 = \frac{D}{(1+r)^1} + \frac{D}{(1+r)^2} + \cdots\cdots + \frac{D}{(1+r)^\infty} = D/r \qquad (3\text{-}7)$$

예제 2 M사는 매년 주당 1,000원의 배당을 지급하고 있다. 만일 이 배당을 무한히 유지하고 요구수익률이 20%라 하면 이 주식의 현재가치는 얼마나 될까?

해답 ① 식 (3-7)에 의해 현재가치를 구한다.

$$\text{주식의 내재가치} = \frac{1{,}000\text{원}}{0.2} = 5{,}000\text{원}$$

1.4 다단계성장모형

성장률이 할인율을 초과하거나 같으면 일정성장모형에 의해 주가는 무한히 커지게 되어 현실성이 떨어지게 된다. 이 경우 일정성장모형을 사용할 수 없다. 따라서 기업의 라이프사이클에 따라 도입기, 성장기, 성숙기 등 몇 단계로 나누어 성장률 변화를 반영하는 것이 필요하다.

다단계성장모형(multiple growth model)은 현실성 있는 다양한 모형을 설계할 수 있다는 장점이 있다. 현실적인 기업의 성장패턴에 따라 2단계, 3단계 또는 4단계로 성장모형을 설계하여 기업의 내재가치를 정확하게 추정할 수 있다.

예를 들어 첫 번째 단계에서 성장률이 g_1로 나타나고 다음 단계에서 성장률이 g_2로 일정하게 증가하는 2단계 성장모형을 가정해 보자. 이 경우 현재가치를 구하는 공식은 다음과 같다.

$$P_0 = \sum_{t=1}^{n} \frac{D_1(1+g_1)^t}{(1+r)^t} + \frac{\dfrac{D_n(1+g_2)}{r-g_2}}{(1+r)^n} \tag{3-8}$$

예제 3 현재는 배당을 지급하지 않고 있는 M사가 있다. 앞으로 5년 후 처음 배당을 지급할 것이며 그 배당은 주당 500원이 될 것으로 예상된다. 그리고 첫 배당 후 연속적으로 10%씩 성장할 것으로 예상된다. 이 회사에 대한 요구수익률은 20%이다. 이 주식의 현재가치는 얼마일까?

해답 현재 배당을 지급하지 않으므로 $D_1 = 0$이다. 또한 $g_1 = 0$, $g_2 = 0.1$, $r = 0.2$ 이다.

4년째 주가는 다음과 같다.

$$P_4 = D_4 \times \frac{1 + g_2}{r - g_2}$$
$$= \frac{D_5}{r - g_2}$$
$$= \frac{500}{0.20 - 0.10}$$
$$= 5{,}000\text{원}$$

이 금액을 4년간 20% 이자율로 할인하여 현재가치를 구한다.

$$P_0 = 5{,}000\text{원} / 1.20^4 = 5{,}000\text{원} / 2.0736 = 2{,}411\text{원}$$

예제 4 기업 A는 앞으로 3년간 다음과 같은 배당을 지급하고자 한다.

년	예상배당
1	1,000원
2	2,000원
3	3,000원

3년 후 배당은 연 10%로 일정하게 성장할 것이다. 이 회사의 요구수익률은 20%이다. 주식의 현재가치는 얼마일까?

해답 ① 먼저 P_3를 구한다.

$$P_3 = D_3 \times \frac{1 + g}{r - g}$$
$$= 3{,}000\text{원} \times \frac{1 + 0.10}{0.20 - 0.10}$$
$$= \frac{3{,}300\text{원}}{0.10} = 33{,}000\text{원}$$

② 각 기 배당과 P_3를 각 기에 해당하는 할인요소로 할인하여 P_0를 구한다.

$$
\begin{aligned}
P_0 &= \frac{D_1}{(1+r)^1} + \frac{D_2}{(1+r)^2} + \frac{D_3}{(1+r)^3} + \frac{P_3}{(1+r)^3} \\
&= \frac{1{,}000\text{원}}{(1+0.2)^1} + \frac{2{,}000\text{원}}{(1+0.2)^2} + \frac{3{,}000\text{원}}{(1+0.2)^3} + \frac{33{,}000\text{원}}{(1+0.2)^3} \\
&= 1{,}000\text{원} \times 0.833 + 2{,}000\text{원} \times 0.694 \\
&\qquad + 3{,}000\text{원} \times 0.579 + 52{,}500\text{원} \times 0.579 \\
&= 34{,}355\text{원}
\end{aligned}
$$

1.5 요구수익률의 의미

요구수익률(r)의 의미에 대해 살펴보자. 식 (3-6)에서 P_0의 공식을 다음과 같이 표현하였다.

$$P_0 = \frac{D_1}{r-g}$$

이 식을 요구수익률 r로 다시 정리하면 다음과 같다.

$$r = \frac{D_1}{P_0} + g \tag{3-9}$$

요구수익률 r은 두 개의 요소로 구성되어 있다.

① D_1 / P_0는 배당수익률이다. 예상배당을 현재가격으로 나누어 구하기 때문에 현재수익률을 나타내기도 한다.

② 또 하나는 성장률 g이다. 성장률은 자본이익률이라 하며 투자가치 성장률이라 부르기도 한다.

예제 5 주당 30,000원에 거래되는 주식이 있다. 다음 배당은 1,500원이 예상되고 있다. 이후 배당은 계속 10%씩 성장할 것으로 예상하고 있다. 이 주식의 요구수익률은 얼마일까?

해답

$$\begin{aligned} r &= \text{배당수익률} + \text{자본이익률} \\ &= \frac{D_1}{P_0} + g \\ &= \frac{1{,}500\text{원}}{30{,}000\text{원}} + 10\% \\ &= 5\% + 10\% \\ &= 15\% \end{aligned}$$

이 주식의 수익률은 15%이다.

---

2. 주가관련비율 분석

실무에서 자주 사용하고 있는 주가관련비율에는 주가수익비율, 현금흐름비율, 주가순자산비율, 주가매출액비율, 배당수익률, 토빈의 q비율 등이 있다.

2.1 주가수익비율 : PER

주가수익비율(Price-Earning Ratio : PER)은 주가를 주당순이익(Earning Per Share : EPS)으로 나눈 값으로 주가가 주당순이익의 몇 배인지 나타낸다. 즉, 주당순이익 1원이 주식시장에서 얼마의 가격으로 평가되고 있는지를 의미한다. PER의 공식은 다음과 같다.

$$\text{PER} = \frac{P_0}{\text{EPS}} \tag{3-10}$$

여기서 EPS는 주식의 수익력을 의미하고 PER은 수익력에 비해 주가가 상대적으로 저평가 또는 고평가되어 있는지를 판단하는 지표이다. 다른 조건은 모두 동일한데 PER가 낮은 주식은 수익력에 비해 시장가격이 저평가되어 있으므로 향후 주가의 상승 가능성이 높을 것으로 판단한다.

예제 6 주식 A와 B는 주당순이익과 주가만 다르고 다른 조건은 모두 동일하다.

주식 A : 주당순이익 1,000원 주가 10,000원
주식 B : 주당순이익 2,000원 주가 30,000원

이 경우 A, B 중에서 어느 주식이 더 저평가되어 있는가?

해답

$$\text{주식 } A\text{의 PER} = \frac{10,000\text{원}}{1,000\text{원}} = 10$$

$$\text{주식 } B\text{의 PER} = \frac{30,000\text{원}}{2,000\text{원}} = 15$$

따라서 주식 A가 더 저평가되어 있다.

PER의 공식인 식 (3-6)을 식 (3-10)에 대입하면 다음과 같은 식을 얻을 수 있다.

$$\text{PER} = \frac{P_0}{\text{EPS}} = \frac{D_0}{\text{EPS}} \cdot \frac{1+g}{r-g} = \frac{(1-b)(1+g)}{r-g} \qquad (3\text{-}11)$$

여기서, b는 내부유보율이고 $(1-b)$는 배당성향을 나타낸다.

식 (3-11)에 의하면 PER은 성장률 g와 배당성향 $(1-b)$이 커질수록 높아지고, 요구수익률 r이 작아질수록 높아진다. PER은 성장률 g와 배당성향 $(1-b)$, 요구수익률 r에 의해 결정되며 이 요인들을 각각 추정하여 PER을 해석한다.

2.2 현금흐름비율 : PCR

PER은 주가가 그 주식의 순이익에 비해 저평가 또는 고평가되어 있는지를 나타내는 지표이다. 그러나 미래의 예상순이익이 아니라 과거의

순이익을 기준으로 계산된 것이어서 PER가 주식의 수익력을 제대로 반영했다고 볼 수 없다. 또한 인플레이션이 발생할 경우 순이익이 과다하게 산정되어 PER가 낮아질 수도 있다.

PER의 이러한 문제점을 보안하기 위해 현금흐름비율(Price Cash-flow Ratio : PCR)을 사용하고 있다. PCR은 주가를 주당현금흐름(Cash-flow Per Share : CPS)으로 나눈 비율이다. CPS에 비해 주가가 낮으면 낮을수록 주가가 저평가되어 있어 투자가치가 높은 것으로 판단한다.

$$\text{PCR} = \frac{P_0}{\text{CPS}} \tag{3-12}$$

CPS는 기업의 영업활동으로 얻어진 현금흐름을 의미한다. 단기순이익에 각종 비현금비용을 공제하고 비현금수익을 더한 값이다.

2.3 주가순자산비율 : PBR

기업이 보유하고 있는 자산도 수익력과 더불어 주식가치를 결정하는데 영향을 주고 있다. 1주의 주식이 보유하고 있는 순자산에 의해 주식가치를 평가할 수 있는데 이를 자산가치라 부른다.

순자산은 총자산에서 부채총액을 차감한 것으로 주식의 자산가치는 장부가치(book value)를 의미한다. 주당장부가치(Book-value Per Share : BPS)는 순자산을 발행주식수로 나눈 값으로 주당순자산이라 부른다.

$$\text{BPS} = \frac{\text{순자산}}{\text{발행주식수}} \tag{3-13}$$

BPS는 기업의 미래 수익력을 무시하고 있어 기업가치를 제대로 반영하지 못하고 있다. BPS는 주가의 최저수준으로 인식하는데 그 이유는 주가수준이 BPS 이하로 내려갈 수 없다는 것을 의미한다.

주가순자산비율(Price Book-value Ratio : PBR)은 주가를 BPS로 나누어 구하는데 주가가 BPS의 몇 배 수준인지를 나타내는 지표이다.

$$\text{PBR} = \frac{P_0}{\text{BPS}} \tag{3-14}$$

2.4 주가매출액비율 : PSR

매출액은 기업의 성장성이나 경쟁력을 나타내는 수치이다. 주가매출액비율(Price to Sale Ratio : PSR)은 현 주가수준이 주당매출액(Sale Per Share : SPS)의 몇 배인지를 나타내는 지표로서 주가를 주당매출액으로 나누어 계산한다.

$$\text{PSR} = \frac{P_0}{\text{SPS}} \tag{3-15}$$

SPS는 매출액을 발행주식수로 나누어 구한다. PSR이 낮을수록 기업의 외형이나 성장성에 비해 주가가 저평가된 것으로 인식한다.

PER은 기업의 미래 수익력을 기초로, PBR은 자기자본을 기초로, PSR은 매출액을 기초로 나타낸 투자지표이다.

2.5 배당수익률

배당에 관한 지표로는 배당률, 배당수익률, 배당성향이 있다.

배당률(dividend ratio)은 주당배당금을 액면가로 나눈 값으로 현재 우리나라에서 배당지급의 기준으로 사용하고 있다.

$$\text{배당률} = \frac{\text{주당배당금}}{\text{액면가}} \times 100(\%) \tag{3-16}$$

배당수익률(dividend yield)은 주당배당금을 주가로 나눈 값으로 주가에 대한 주당배당금의 비율이다. 실전투자에서 배당수익률이 배당률에 비해 의미 있는 지표로 사용되고 있다.

$$\text{배당수익률} = \frac{\text{주당배당금}}{\text{주가}} \times 100(\%) \tag{3-17}$$

배당성향(dividend payout ratio)은 주당순이익 중에서 배당금이 차지하는 비율이다.

$$배당성향 = \frac{배당금}{순이익} \times 100(\%) \tag{3-18}$$

2.6 토빈의 q비율

토빈의 q비율은 1주당 시장가격과 대체원가 사이의 관계를 나타낸 비율이다. 1주당 대체원가란 자산의 대체원가에서 부채를 제외한 나머지의 1주당 가치를 말한다.

만일 어떤 기업의 시장가격이 대체원가보다 너무 높게 형성되어 있으면 동일한 자산구조와 자본구조를 모방한 경쟁회사가 출현할 가능성이 높아진다. 자본시장이 충분히 경쟁적이라면 q비율은 장기적으로 1에 가까이 형성될 것이다.

$$토빈의\ q비율 = \frac{주당시장가격}{주당대체원가} \tag{3-19}$$

q비율이 높은 기업은 성장 가능성이 높거나 경쟁우위에 있는 기업을 의미하고, 낮은 기업은 성장 가능성이 낮거나 경쟁열세에 있는 기업을 의미한다. 반면 q비율이 1보다 현저히 낮을 경우에는 시장가격이 대체원가에 비해 저평가되어 있으므로 그 기업은 인수 · 합병(M&A)의 표적이 될 수도 있다.

3. 재무비율분석

재무제표상의 각 항목 간 연관비율을 산출하고 이를 서로 비교함으로써 기업의 재무상태와 경영성과를 분석하기 위한 방법이다. 실전에서 널리 사용되는 재무비율분석으로는 수익성비율, 성장성비율, 안전성비율, 유동성비율, 활동성비율, 레버리지비율 등이 있다.

3.1 수익성비율

수익성비율(profitability ratio)은 일정 기간 동안 기업의 경영성과를 종합적으로 측정하는 비율을 말하며 이익창출 능력을 평가할 수 있는 지표이다. 수익성비율은 투자자본과 매출액 관련 이익률로 구성되어 있다.

수 익 성 비 율 (%)	내 용
총자산 이익률 $= \frac{\text{순이익}}{\text{총자산}} \times 100$	총자산을 투자하여 얼마나 효율적으로 순이익을 올렸는지를 나타내는 지표이다.
자기자본 이익률 $= \frac{\text{순이익}}{\text{자기자본}} \times 100$	자기자본을 투자하여 얼마나 효율적으로 순이익을 올렸는지를 나타내는 지표이다.
매출액 총이익률 $= \frac{\text{매출총이익}}{\text{매출액}} \times 100$	매출액 중에서 매출총이익이 차지하는 비율을 나타내는 지표이다. 매출총이익은 매출액에서 매출원가를 차감하여 구한다.
매출액 영업이익률 $= \frac{\text{영업이익}}{\text{매출액}} \times 100$	매출액 중에서 영업이익이 차지하는 비율을 나타내는 지표이다. 영업이익은 매출총이익에서 판매비와 관리비를 차감하여 구한다.
매출액 경상이익률 $= \frac{\text{경상이익}}{\text{매출액}} \times 100$	매출액 중에서 경상이익이 차지하는 비율이며 기업의 경영활동 성과를 종합적으로 나타내는 지표이다. 경상이익은 영업이익에서 영업외비용을 차감하고 영업외수익을 더하여 구한다.
매출액 순이익률 $= \frac{\text{순이익}}{\text{매출액}} \times 100$	매출액 중에서 순이익이 차지하는 비율을 나타내는 지표이다. 순이익은 경상이익에서 특별이익을 더하고 특별손실과 법인세비용을 차감하여 구한다.

3.2 성장성비율

성장성비율(growth ratio)은 일정 기간 동안 기업의 경영성과가 얼마나 증가했는지를 나타내는 지표이다. 성장성비율로 기업의 경쟁력이나 성장잠재력 등을 간접적으로 판단할 수 있다.

성 장 성 비 율 (%)	내 용
매출액 증가율 $= \frac{\text{단기매출증가액}}{\text{전기매출액}} \times 100$	일정 기간 매출액이 얼마나 증가했는지 나타내는 비율이다.
순이익 증가율 $= \frac{\text{단기순이익증가액}}{\text{전기순이익}} \times 100$	일정 기간 순이익이 얼마나 증가했는지 나타내는 비율이다.

3.3 안정성비율

안정성비율(stability ratio)은 투자자본이 얼마나 적절히 배분되어 있는지를 나타내는 지표이다. 일반적으로 고정자산에 대한 투자는 가능한 장기자본으로 이루어져야 안정성이 높은 것으로 인식한다.

안 정 성 비 율 (%)	내 용
고정비율 $= \frac{\text{고정자산}}{\text{자기자본}} \times 100$	자기자본에 대한 고정자산의 비율을 말하며 일반적으로 100% 이하일 때 양호한 것으로 인식한다.
고정장기적합률 $= \frac{\text{고정자산}}{\text{자기자본} + \text{고정부채}} \times 100$	장기자본(자기자본＋고정부채) 중 어느 정도가 고정자산에 투자되었는지 나타내는 지표로 고정비율에 대한 보조비율로 이용된다.

3.4 유동성비율

유동성비율(liquidity ratio)은 기업의 단기채무에 대한 지급능력을 나타내는 지표이다. 수익성과 성장성이 뛰어난 기업이라도 유동성이 부족해지면 단기채무의 지급능력이 떨어지게 되어 흑자부도의 가능성이 높아진다.

유동성비율 (%)	내 용
유동비율 $= \frac{\text{유동자산}}{\text{유동부채}} \times 100$	단기채무에 충당할 수 있는 유동자산이 단기부채에 비해 몇 배가 되는지를 나타내는 비율이다. 일반적으로 200% 이상이면 유동성이 양호한 것으로 판단한다.
당좌비율 $= \frac{\text{유동자산} - \text{재고자산}}{\text{유동부채}} \times 100$	재고자산의 처분 없이 단기채무를 지불할 수 있는 능력을 나타내는 비율이다. 당좌비율은 유동비율보다 유동성 정도를 더 정확하게 나타내며 100% 이상이면 양호한 것으로 인식한다.

3.5 활동성비율

활동성비율(activity ratio)은 기업이 투자자산을 얼마나 효율적으로 운용했는지를 나타내는 지표로서 회전율비율로 표시하기도 한다.

활동성비율 (%)	내 용
총자산회전율 $= \frac{\text{매출액}}{\text{총자산}} \times 100$	총자산이 일정 기간 동안 몇 번 회전되었는지를 나타내며 자산운용의 효율성을 나타낸 비율이다.
재고자산회전율 $= \frac{\text{매출액}}{\text{재고자산}} \times 100$	재고자산이 일정 기간 동안 몇 회에 걸쳐 현금, 매출채권 등 당좌자산으로 전환되었는지를 나타낸 비율이다.
매출채권회전율 $= \frac{\text{매출액}}{\text{매출채권}} \times 100$	매출액을 매출채권(외상매출금+받을어음)으로 나누어 매출채권의 현금화 속도를 측정하는 지표이다.
고정자산회전율 $= \frac{\text{매출액}}{\text{고정자산}} \times 100$	매출액을 고정자산으로 나누어 고정자산이 매출액에 기여하는 정도를 나타내는 지표이다.

3.6 레버리지비율

레버리지비율(leverage ratio)은 타인자본 또는 장기부채에 대한 지급능력 수준을 나타내는 지표로서 부채성비율로 표현하기도 한다.

레버리지비율 (%)	내 용
부채비율 $= \frac{\text{부채}}{\text{자기자본}} \times 100$	자기자본에서 부채(유동부채+고정부채)가 차지하는 비율을 말하며, 기업의 재무구조를 나타낸다.
자기자본비율 $= \frac{\text{자기자본}}{\text{총자본}} \times 100$	총자본에서 자기자본이 차지하는 비율이다. 은행에서 대출심사 시 중요한 기준으로 삼고 있어 은행지도비율이라 부르기도 한다.
이자보상비율 $= \frac{\text{영업이익}}{\text{이자비용}} \times 100$	영업이익을 이자비용으로 나누어 영업이익이 이자비용의 몇 배나 되는지를 나타낸다.

4. 경영평가지표

재무비율분석은 서로 상반된 결과가 나타날 수 있어 기업의 재무상태나 경영성과를 종합적으로 평가하기에 한계가 있다. 따라서 기업의 재무상태나 경영성과를 종합적으로 분석하여 기업의 내실화에 치중하고 가치를 중시하는 전략이 필요하다.

4.1 투자자본이익률 : ROI

투자자본이익률(Return On Invested capital : ROI)은 듀퐁(Du Pont)사에서 개발한 재무분석지표로서 기업이 자본을 투자하여 얼마의 당기순이익을 올렸는지를 나타내는 지표이다.

$$\text{투자자본이익률(ROI)} = \frac{\text{당기순이익}}{\text{투자자본}}$$

$$= \frac{\text{매출액}}{\text{투자자본}} \times \frac{\text{당기순이익}}{\text{매출액}}$$

$$= (\text{투자자본회전율}) \times (\text{매출액순이익률})$$

투자자본이익률은 당기순이익을 투자자본으로 나누어 구하는데, 활동성을 나타내는 투자자본회전율과 수익성을 나타내는 매출액순이익률의 곱으로 구성되어 있다. 투자자본이익률을 높이기 위해서는 투자자본회전율이나 매출액순이익률을 높이는 것이 필요하다.

4.2 경제적 부가가치 : EVA

경제적 부가가치(Economic Value Added : EVA)는 영업이익에서 법인세와 자본비용을 차감한 값으로 회계적 이익이 가지고 있는 한계성을 보완하기 위해 만든 경영성과지표이다.

EVA의 공식은 다음과 같이 구한다.

$$\begin{aligned} \text{EVA} &= \text{영업이익} - \text{법인세} - \text{자본비용} \\ &= \text{세후영업이익} - \text{자본비용} \\ &= \underset{\langle\text{양적측면}\rangle}{\text{투자자본}} \times \underset{\langle\text{질적측면 : 초과수익률}\rangle}{[\text{투자자본이익률(ROI)} - \text{가중평균자본비용(WACC)}]} \end{aligned}$$

여기서, 투자자본 = 영업자산 − 비이자발생부채

자본비용 = 이자비용 + 자기자본비용

EVA는 자기자본에 대한 비용을 비용으로 인식하고 있어 기업이 부담해야 할 모든 비용을 차감하고도 영업활동을 통해 이익을 얻었는지를 파악할 수 있는 개념이다.

어떤 기업의 EVA 값이 양(+)이면 경영활동을 통해 경제적 부가가치를 창출하여 효과적인 경영을 하고 있다는 것을 의미한다.

4.3 시장부가가치 : MVA

시장부가가치(Market Value Added : MVA)는 기업의 시장가치에서 장부가치를 차감하여 구한 지표이다. MVA가 양(+)이면 기업가치가 증가하고 있음을 나타낸다. 따라서 MVA가 높으면 그만큼 기업가치가 크게 증가하는 것을 의미한다.

MVA = 기업의 시장가치 − 장부가치 = EVA의 현재가치

EVA는 특정연도의 장부가치에 대한 순가치를 나타내므로 MVA는 미래의 EVA를 가중평균자본비용으로 할인한 현재가치와 일치한다. 일반적으로 MVA와 EVA는 높은 상관관계를 유지하고 있다.

연습문제

1. 배당성장모형의 대표적인 3가지 유형에 대해 설명하시오.

2. 주가수익비율(PER)의 의미와 공식에 대해 설명하시오.

3. 현금흐름비율(PCR)의 의미를 PER와 비교하여 설명하시오.

4. 주가순자산비율(PBR)의 의미와 공식에 대해 설명하시오.

5. 주가매출액비율(PSR)의 의미와 공식에 대해 설명하시오.

6. 배당에 관한 지표인 배당률, 배당수익률, 배당성향을 서로 구분하여 설명하시오.

7. 토빈의 q비율의 의미와 공식에 대해 설명하시오.

8. 수익성, 성장성, 안정성 비율의 의미와 종류에 대해 설명하시오.

9. 유동성, 활동성, 레버리지 비율의 의미와 종류에 대해 설명하시오.

10. 투자자본이익률(ROI), 경제적 부가가치(EVA)의 의미와 공식에 대해 설명하시오.

제4장

자본시장의 효율성

1. 자본시장의 효율성
2. 효율적 시장가설
3. 효율적 시장가설의 실증분석
4. 시장의 이상현상

자본시장의 효율성을 약형 효율적 시장가설, 준강형 효율적 시장가설, 강형 효율적 시장가설로 구분하여 살펴보고자 한다. 시장의 이상현상에서는 PER 효과, 소규모 기업효과, 주말효과와 정월효과 등에 대해 살펴보고자 한다.

1. 자본시장의 효율성

자본시장의 효율성(market efficiency)은 정보의 효율성(informational efficiency)이라 부르기도 하며, 시장가격이 이용 가능한 모든 정보를 충분히 반영한 상태로 정의한다. 자본시장이 비효율적이라면 자본의 효율적 배분이 저해되고 소수의 투자자들이 비정상적인 성과를 얻게 되어 부의 배분이 불공평하게 될 것이다.

시장가격이 이용 가능한 모든 정보를 충분히(fully) 반영한다는 것은 관련된 정보가 자본시장에 즉시적으로(instantaneously), 비용 없이 공평하게(costlessly and fairly), 과민반응이나 과소반응 없이 정확하게(accurately) 반영되어야 한다는 것을 의미한다.

여기서 '즉시적'의 의미는 정보가 생성되면서 바로 시장에 전달되어 주가에 반영되는 것을 의미한다. 실제 시장에서 자본시장 효율성을 기대한다는 것은 상당히 비현실적으로 보인다. 하지만 시장경쟁이 충분히 이루어지는 자본시장이라면 그 시장은 효율적이라 할 수 있다.

경쟁적 시장에서 정보획득이 양(+)의 순현가(Net Present Value : NPV)를 갖는 투자일 경우 투자자들은 그 정보를 얻으려 할 것이다. 그리고 그 정보를 이용한 거래가 이루어지면서 시장가격은 그 정보를 반영할 것이다. 정보를 얻은 투자자들이 시장에서 증가할수록 정보획득에 따른 NPV는 점점 감소하게 될 것이다.

그리고 정보획득에 따른 NPV가 0이 될 때 투자자들의 정보획득은 사라질 것이다. 따라서 시장이 균형상태라면 Profit(marginally informed) = Profit(marginally uninformed)가 성립할 것이다.

[그림 4-1]은 새로운 정보에 대한 시장의 반응을 나타낸 그림이다. 직선은 효율적 시장에서 주가반응을 나타내고 있다. 주가에 긍정적 사건이 발생했을 때 주가반응이 사건 발생과 동시에 이루어지고 있다. 사건 발생이 주가에 바로 반영됨으로써 어느 누구도 사건에 대한 정보로 인해 초과수익을 얻을 수 없게 된다.

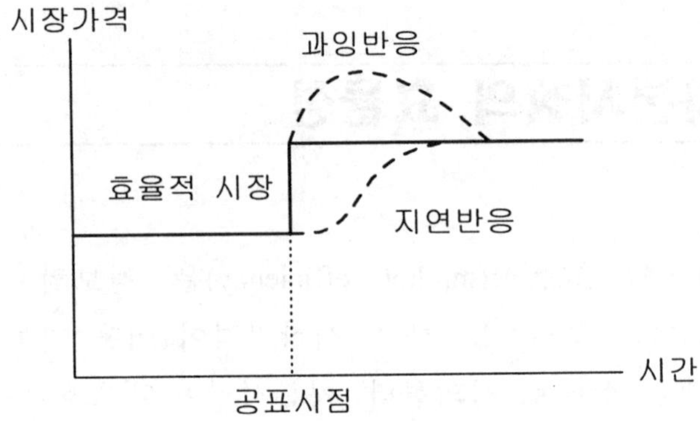

[그림 4-1] 효율적 시장

아래의 점선은 사건에 대한 정보가 주가에 늦게 반영되는 지연반응(delayed reaction)을 나타내고 있다. 사건정보를 먼저 인지한 일부 특정 투자자만이 초과수익을 얻게 되므로 이상적인 시장이라 볼 수 없다.

위의 점선은 주가의 과잉반응(overreaction)을 나타내고 있다. 사건정보가 과다하게 주가에 반영되었다가 시간이 지나면서 제 가격으로 복귀하는 모습을 보여주고 있다. 특정 투자자만이 초과수익을 얻기 때문에 효율적 시장으로 볼 수 없다.

2. 효율적 시장가설

효율적 시장가설(EMH)은 "자본시장의 시장가격은 이용 가능한 모든 정보를 충분히 반영하고 있다"라는 가설로 정의하였다. 효율적 시장가설은 현실적으로 자본시장의 효율성 정도를 검증하기 위한 것이다.

파마(Fama)는 증권가격에 반영되는 정보의 내용에 따라 다음과 같이 세 가지 효율적 시장가설을 구분하였다.

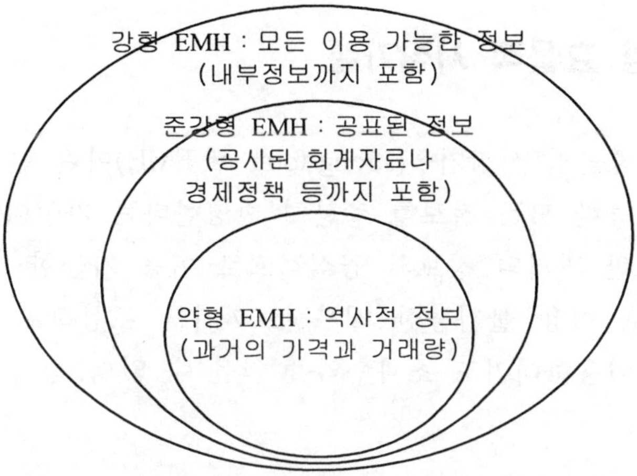

[그림 4-2] 효율적 시장가설

2.1 약형 효율적 시장가설

약형 효율적 시장가설(weak-form of EMH)이란 현재의 모든 증권가격은 증권의 가격과 거래량에 관한 과거의 정보를 즉시 그리고 충분히 반영한다는 가설이다. 따라서 가격이나 거래량에 관한 과거의 정보를 이용하더라도 초과수익을 얻을 수 없다.

2.2 준강형 효율적 시장가설

준강형 효율적 시장가설(semistrong-form of EMH)이란 현재의 모든 증권가격은 공식적으로 이용 가능한 정보를 즉시 그리고 충분히 반영한다는 가설이다. 공식적으로 이용 가능한 정보란 과거의 정보를 포함하여 발표된 회계정보, 정부의 경제정책, 재무정책 및 투자자료 등 누구나 이용 가능한 공개된 정보를 말한다. 따라서 공개된 정보를 이용하더라도 초과수익을 얻을 수 없다.

2.3 강형 효율적 시장가설

강형 효율적 시장가설(strong-form of EMH)이란 현재 모든 증권가격은 이용 가능한 모든 정보를 충분히 반영한다는 가설이다. 이용 가능한 모든 정보란 과거의 정보와 공식적으로 이용 가능한 정보를 포함하고 공식적으로 이용 불가능한 내부정보까지를 포함하고 있다. 따라서 모든 정보를 이용하더라도 초과수익을 얻을 수 없다.

3. 효율적 시장가설의 실증분석

효율적 시장가설은 포함하고 있는 정보에 따라 세 가지 유형으로 구분하고 있다. 이제는 효율적 시장가설의 세 가지 유형을 검증하는 검증 방법론과 그 검증결과 등에 대해 살펴보고자 한다.

3.1 약형 효율적 시장가설의 검증

현재주가는 과거 이용 가능한 정보를 완전히 반영하고 있으므로 과거 자료를 분석하여 초과수익률을 얻을 수 없다는 주장이다. 주가변동은 독립적으로 이루어지며 과거와 미래의 주가 사이에 아무런 관계가 없음을 입증하면 된다. 시계열상관분석과 필터기법, 연의 검증 등이 있다.

(1) 시계열상관분석

연속적인 두 기간의 주가변동이 서로 관계가 있는지 없는지 검증해서 증권가격 변화의 무작위성을 입증하고자 하는 방법이다. 연속적인 두 기간 사이에 주가변동의 자기상관계수가 0에 가깝다면 두 기간 사이의 주가변동은 시계열상에서 독립적이라 할 수 있다.

여러 기간에 걸친 자기상관검증에서 대부분 낮은 값을 나타내고 있어 통계적 유의성이 없는 것으로 나타나고 있다. 따라서 과거주가를 분석하여 미래주가를 예측할 수 없다는 증거로 볼 수 있다.

(2) 필터기법

필터기법(filter technique)은 주가수익률 사이에 양의 상관계수를 가정하며 주가가 저점으로부터 x%만큼 상승하면 매입하고 고점에서 x%만큼 하락하면 매도하는 투자전략이다. 이때 미리 정해놓은 변동폭 x%를 필터라 부른다.

필터기법은 무작위로 주식을 선택하여 보유하는 방법보다 우수한 실적을 낼 수 있는가를 검증하면 된다. 검증결과 알렉산더(1964)는 5% 필터에서 비정상성과를 실현한다는 것을 발견하였다. 그러나 거래비용을 제외하면 초과수익률이 0이 되어 초과수익을 얻을 수 없었다.

(3) 연의 검증

주가의 상승(+)과 하락(−)에 규칙성이 있는지를 검증하는 방법이다. 가격이 상승하면 '+', 가격이 하락하면 '−', 가격변화가 없으면 '0'으로 표시하고 동일한 부호의 연속을 연(run)이라 부른다.

만일 주가변동 사이에 상관관계가 있다면, 일정 기간 우연한 가격변동에 비해 보다 긴 동일 부호의 연속과 적은 수의 연이 나타날 것이다. 과거 주가변동과 미래 주가변동이 서로 시계열 독립적임을 관찰하여, 과거의 주가자료를 분석하여 초과수익을 얻을 수 없음을 검증하였다.

3.2 준강형 효율적 시장가설의 실증분석

주가에 영향을 주는 정보가 발표되었을 때 주가에 반영되는 시간을 관찰하여 시장의 효율성 여부를 검정하는 분석방법이다. 정보가 포함되지 않은 수익률과 정보가 포함된 수익률 차이를 계산하고, 그 변화를 시간흐름에 따라 누적하여 사건발생 전후 어떤 움직임을 나타내는지 관찰하는 기법이다.

준강형 EMH가 성립하면 공표된 정보에 의해 미래주가 예측이 불가능하므로 초과수익률 획득은 불가능해진다. 검증에는 사건연구가 흔히 사용되는데 어떤 사건의 공표시점을 중심으로 주가가 어떻게 반응하는지 관찰하는 방법이다.

가격반응은 지연되거나 과잉반응하지 않고 즉시적으로 나타나야 한다. 사건연구는 어떤 사건의 발생으로 어느 정도의 비정상수익이 발생하였는가를 측정하는 것으로 시장전체의 변동을 고려한 후 주가변동을 확인해야 한다.

사건연구는 주식분할 및 무상증자의 공표, 배당공표, 이익공표, 합병, 재고자산 평가방법 변경, 회계변경 등에 대한 시장의 반응 등 매우 다양한 형태로 이루어지고 있다.

3.3 강형 효율적 시장가설의 실증분석

기업내부의 미공개정보에 쉽게 접근할 수 있을 것으로 판단되는 전문투자기관의 투자성과와 일반투자가의 투자성과 차이를 관찰하여 판단하는 방법이 있다. 많은 실증연구를 통해 이 가설을 지지하는 연구와 기각하는 연구가 나타나 현 상황에서 강형 EMH에 대해 명확한 결론을 내릴 수는 없다.

강형 EMH는 비밀정보 또는 사적정보를 이용하여 비정상 성과를 얻을 수 있는지를 검증함으로써 강형 EMH의 성립여부를 확인할 수 있다. 내부자거래의 투자성과와 투자신탁의 성과 등이 있다.

4. 시장의 이상현상

일부 특정주식들이 정상수익률보다 더 높은 수익률을 계속 산출함으로써 자본시장의 효율성에 맞지 않은 결과를 보이고 있는데 이를 이상현상(anomalies)이라 부른다.

4.1 PER 효과

PER은 기업 실적이 주가에 반영된 정도를 나타내는 지표로 국제 간 증권시장을 비교하는 데 유용한 투자지표이다. 저PER로 구성된 포트폴리오가 고PER로 구성된 포트폴리오보다 더 높은 수익률을 산출하는 것으로 조사되는데 이를 PER 효과라 한다. 이러한 현상은 자본시장의 효율성을 부인하는 것으로 볼 수 있다.

4.2 소규모 기업효과

반즈(1981)는 처음으로 소형주 효과를 발견하였다. 자본금이 작은 소형주에 투자할수록 대형주에 투자하는 것보다 더 높은 초과수익률을 얻는 것으로 나타났다. 소형주의 초과수익 효과는 자본시장에 비효율성이 존재하고 있다는 것을 나타내고 있다.

4.3 주말효과와 1월효과

주초에는 낮은 수익률이 주말에는 높은 수익률이 지속적으로 산출되는 것으로 발견되었다. 이를 주말효과(weekend effect)라 부른다.

월별분석에서 1월이 다른 달에 비해 가장 높은 수익률을 산출하는 것으로 나타났는데 이를 1월효과(January effect)라 부른다.

4.4 기 타

기업정보가 부족하고 전문투자가들의 관심이 부족한 소외기업들의 투자수익률이 정보가 풍부한 기업들보다 더 높게 나타난다는 소외기업효과(neglected firm effect)가 있다.

또한 유동성이 낮은 기업의 주식들이 유동성이 높은 기업들보다 지속적으로 더 높은 투자수익률을 보인다는 유동성효과(liquidity effect) 등이 있다. 이러한 현상은 비효율성의 가능성을 보여주는 연구이다.

자본시장의 효율성은 자본시장이 제 기능을 발휘하기 위해 갖추어야 할 필요조건이지만 그 효율성 정도는 시간과 장소에 따라 다르게 나타날 수 있다.

연습문제

1. 자본시장의 효율성(market efficiency)의 정의에 대해 설명하시오.

2. 약형 효율적 시장가설에 대해 설명하시오.

3. 준강형 효율적 시장가설에 대해 설명하시오.

4. 강형 효율적 시장가설에 대해 설명하시오.

5. 약형 효율적 시장가설의 검증방법에 대해 설명하시오.

6. 준강형 효율적 시장가설의 실증분석에 대해 설명하시오.

7. 강형 효율적 시장가설의 실증분석에 대해 설명하시오.

8. 시장의 이상현상인 PER효과와 소규모 기업효과에 대해 설명하시오.

9. 시장의 이상현상인 주초효과, 주말효과 및 1월효과에 대해 설명하시오.

10. 우리나라 자본시장의 효율성은 미국에 비해 상대적으로 낮다고 하는데 그 이유에 대해 설명하시오.

제5장

기술적 분석

기술적 분석에는 다우이론 및 엘리어트파동 등의 이론과 다양한 캔들차트 분석 등이 있다. 또한 추세선과 이동평균선에 관한 추세분석과 반전형과 지속형으로 구분한 패턴분석 그리고 다양한 지표들을 포함하는 지표분석으로 구성되어 있다.

1. 기술적 분석의 이해

주가 움직임은 수요와 공급의 수급현상에 의해 나타나며 주가 움직임의 사소한 변동을 무시할 경우 추세선을 따라 움직이는 경우가 많다. 그래프에 나타난 패턴들을 분석할 경우 각 패턴들은 그 무렵 시장 참여자들의 심리상태를 잘 나타내 주고 있다.

1.1 기술적 분석의 정의

주가는 모든 투자자들의 의사 결정에 의해 이루어지고 있으며 일정한 간격을 두고 끊임없이 변해가고 있다. 어느 투자자는 앞으로 주가가 하락할 것으로 예상하여 주식을 팔고 어느 투자자는 앞으로 주가가 상승할 것으로 예상하여 주식을 사고 있다. 그 결과 주가가 형성된다.

주가 예측을 위해 주가의 수요와 공급을 나타내고 있는 그래프를 분석하고 있다. 기술적 분석은 과거의 주가흐름과 패턴들을 분석하여 향후 주가를 예측하고 매매시점을 파악하는 데 그 목적이 있다.

1.2 기술적 분석의 종류

기술적 분석의 종류에는 추세분석, 패턴분석, 지표분석, 시장구조이론, 심리적 분석법이 있다.

추세분석은 주가가 일정 기간 일정한 추세를 보이며 움직이는 성질을 이용한 기법이다. 패턴분석은 여러 가지의 주가 움직임을 모형으로 만들어 놓고 실제로 나타나는 주가 움직임과 비교하면서 미래의 주가 움직임을 예상하는 기법이다. 지표분석은 현재의 시장수급상태가 과열권인지 또는 침체권인지를 파악하여 매매시점을 판단하는 기법이다.

시장구조이론은 오랜 기간 동안 시장의 움직임을 연구·분석하여 시장의 변동 논리를 해석하는 방법이다. 다우이론, 엘리어트파동 이론, 태양흑점 이론, 엘리뇨현상, 섬머랠리, 1월효과, 주말효과 등이 있다. 심리적 분석법은 시장 참여자들의 심리를 읽고자 하는 방법으로 설문지조사법과 반대의견기법 등이 있다.

1.3 기술적 분석의 원리

기술적 분석의 원리는 다음과 같다.

① 주가 움직임에는 모든 정보가 반영되어 있다.
② 주가는 추세를 가지고 움직인다.
③ 역사는 반복된다.

2. 기술적 분석의 이론

다우이론, 사카다 전법, 엘리어트파동 이론 등이 대표적인 이론으로 거론되고 있다.

2.1 다우이론

다우이론은 기술적 분석의 창시자인 찰스 다우(Charles H. Dow)가 제안한 이론이다. 찰스 다우는 19세기 말부터 20세기에 걸쳐 주식시장을 분석한 결과 주식시장은 제멋대로 움직이는 것이 아니라 장기추세, 중기추세, 단기추세와 같은 주기적인 추세에 의해 영향을 받는다는 가설을 정립하였다.

그랜빌(J. E. Granville)은 강세시장과 약세시장에서 일반투자자와 전문투자자 사이에 서로 상반된 매매가 이루어진다고 하였다.

시장 국면 / 투자자	강 세			약 세		
	제1국면 (매집국면)	제2국면 (마크업국면)	제3국면 (과열국면)	제1국면 (분산국면)	제2국면 (공항국면)	제3국면 (침체국면)
일반투자자	공포심	공포심	확 신	확 신	확 신	공포심
전 문 가	확 신	확 신	공포심	공포심	공포심	확 신
투자 전략	-	점진적 매도	매 도	-	점진적 매수	매 수

2.2 사카다 전법

사카다 전법은 일본 도쿠가와시대 사카다 항구에서 활동하였던 유명한 중개인 홈마가 창출한 이론을 구체화하여 실전에 적용시킨 전통적 투자기법이다. 사카다 전법은 주가의 기본적인 패턴을 분석하는 데 필수적인 과정이 되고 있다.

사카다 전법은 3산(三山)형, 3천(三川)형, 3공(三空)형, 3병(三兵)형, 3법(三法)형으로 구성되어 있으며 사카다 5법이라 부르기도 한다.

2.3 엘리어트파동 이론

엘리어트(1939)는 파이낸셜 월드지를 통해 "주가는 상승5파와 하락3파에 의해 끝없이 순환한다"는 가격 순환법칙을 주장하였다. 주가는 연속적인 파동에 의해 상승하고 다시 하락함으로써 상승5파와 하락3파의 8개 파동으로 구성된 하나의 사이클을 연속하여 형성한다는 것이다.

① 상승5파

1번, 3번, 5번은 상승파동으로 충격파동이며, 2번과 4번은 하락파동으로 조정파동이다. 충격파동이라 부르는 이유는 1번, 3번, 5번 파동이 주가의 진행방향과 같은 방향으로 움직이기 때문이고 조정파동은 주가의 진행방향과 반대방향으로 움직이기 때문이다.

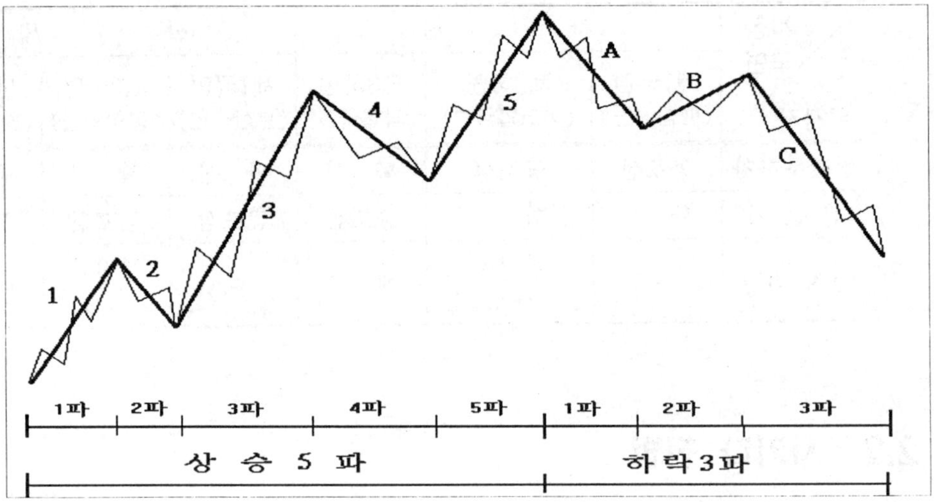

[그림 5-1] 엘리어트파동

② 하락3파

1번에서 5번까지의 상승국면이 끝나면 하락국면이 시작되는데, 하락국면은 다시 3개 파동으로 나누어진다. 이 파동들은 각각 A번, B번, C번 파동으로 불린다.

3. 캔들차트 분석

캔들차트는 지금으로부터 약 400년 전 일본 에도시대에 만들어졌다. 이제부터 그 신비로운 분석법에 대해 살펴보고자 한다.

3.1 캔들차트의 개요

캔들차트(candlestick chart)의 변화 과정을 살펴보면 다음과 같다.

멈춤차트(stopping chart)는 점차트, 선차트 또는 별차트라 부르기도 하며, 차트의 초기 형태로 오직 종가만을 연결하여 그렸다.

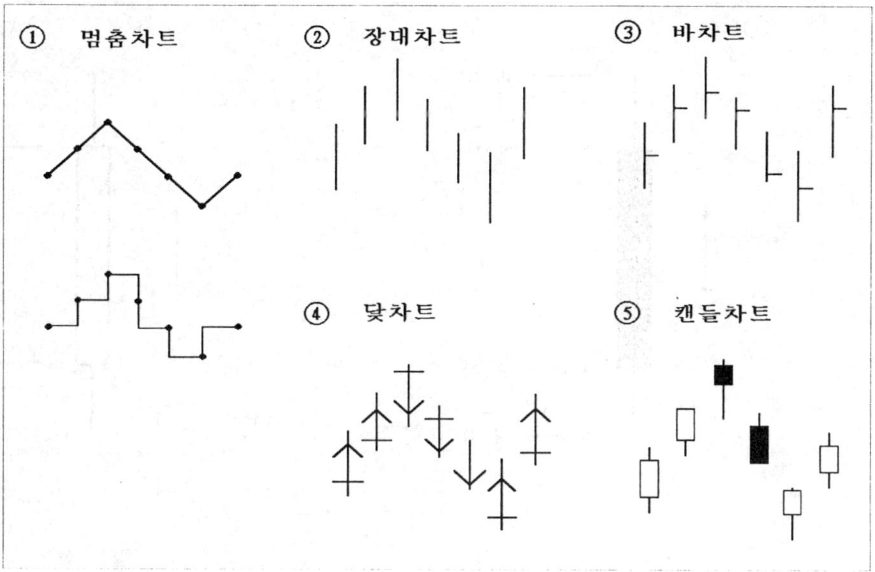

[그림 5-2] 캔들차트의 변화 과정

장대차트(pole chart)는 장중의 고가와 저가를 연결하여 주가의 이동방향뿐만 아니라 장중 주가변동을 보여주고 있다.

바차트(bar chart)는 장대차트의 고가와 저가, 멈춤차트의 종가를 결합하여 만든 차트로 추세변화를 보는 데 유익한 차트이다.

닻차트(anchor chart)는 닻 모양을 하고 있으며 최초로 시가, 고가, 저가, 종가를 포함시키고 있다. 종가가 시가보다 높으면 닻차트의 화살선은 위로 향하고 있으며, 종가가 시가보다 낮으면 화살선은 아래로 향하게 된다.

캔들차트(candlestick chart)는 닻차트의 다음 단계로서 종가가 시가보다 낮으면 음선으로 표현하고 종가가 시가보다 높으면 양선으로 표시한다. 수요와 공급상태를 나타냄으로써 분석을 용이하게 하였다.

캔들차트의 구조를 살펴보면 직사각형 부분과 위·아래 가는 선으로 구성되어 있다. 캔들차트의 직사각형 부분을 몸통이라 부르는데 장중 시가와 종가 사이의 거래 범위를 나타낸다. 종가가 시가보다 높으면 몸통이 양선이고 종가가 시가보다 낮으면 몸통이 음선이다. 몸통의 위·아래 가는 선을 그림자라고 하며 장중 고가와 저가를 나타낸다.

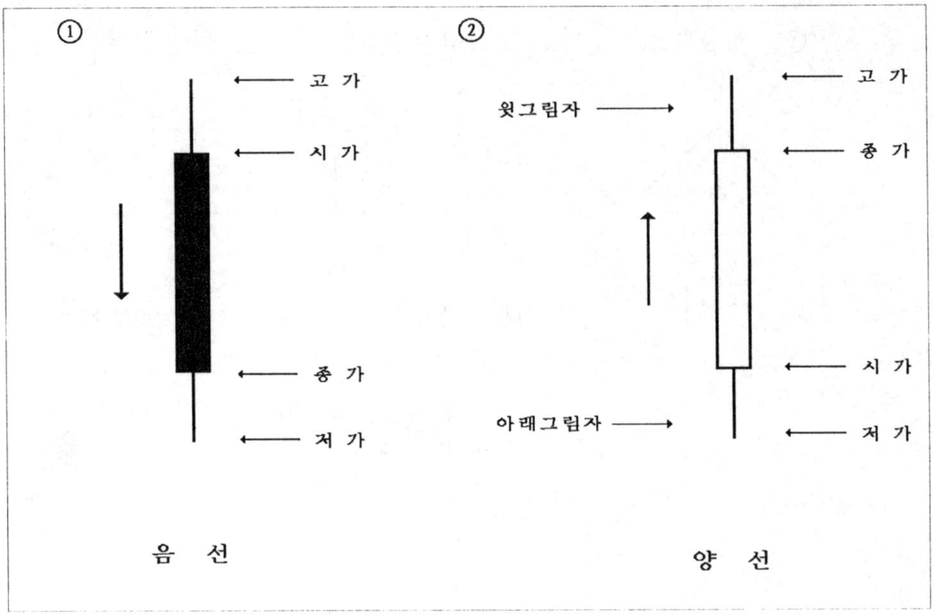

[그림 5-3] 캔들차트의 구조

3.2 얼 래

얼래(Doji)는 몸통이 매우 작고 시가와 종가가 일치하거나 또는 시가와 종가가 거의 일치할 정도로 매우 근접한 경우에 발생한다. 그림자의 길이는 매우 다양하게 나타난다. 얼래는 주가의 추세변화를 예측하기보다는 추세변화가 임박했음을 알려주는 신호 정도로 작용하고 있다.

긴 그림자 얼래(long-legged Doji)는 위 · 아래 긴 그림자를 가지고 있다. 매수세력과 매도세력이 서로 확신을 갖지 못하고 뇌동매매하고 있음을 보여주고 있다.

비석형(gravestone)은 종가와 시가가 저가에 근접하거나 일치하는 경우에 형성된다. 만일 긴 윗그림자가 매우 길면 길수록 비석형은 더욱 더 하락 전환될 가능성이 높아진다.

잠자리 얼래(dragonfly Doji)는 시가와 종가가 장중 고가와 일치하는 경우에 형성된다. 주로 주가의 전환시점에서 출현하며 만일 하락추세의 막바지에서 출현하게 되면 급속한 상승반전형으로 작용하게 된다.

큰떨림 캔들(high-wave candle)은 작은 몸통과 훨씬 더 긴 위·아래 그림자를 가지고 있다. 큰떨림 캔들은 상승과 하락이 불확실하거나 매수세와 매도세 사이에 균형이 팽팽한 경우에 주로 발생한다.

점 얼래(four price Doji)는 시가, 고가, 저가, 종가가 모두 같을 경우에 발생한다. 점 얼래는 유동성이 매우 적은 경우로서 종가만 형성되며 향후 주가향방을 전혀 예측할 수 없다.

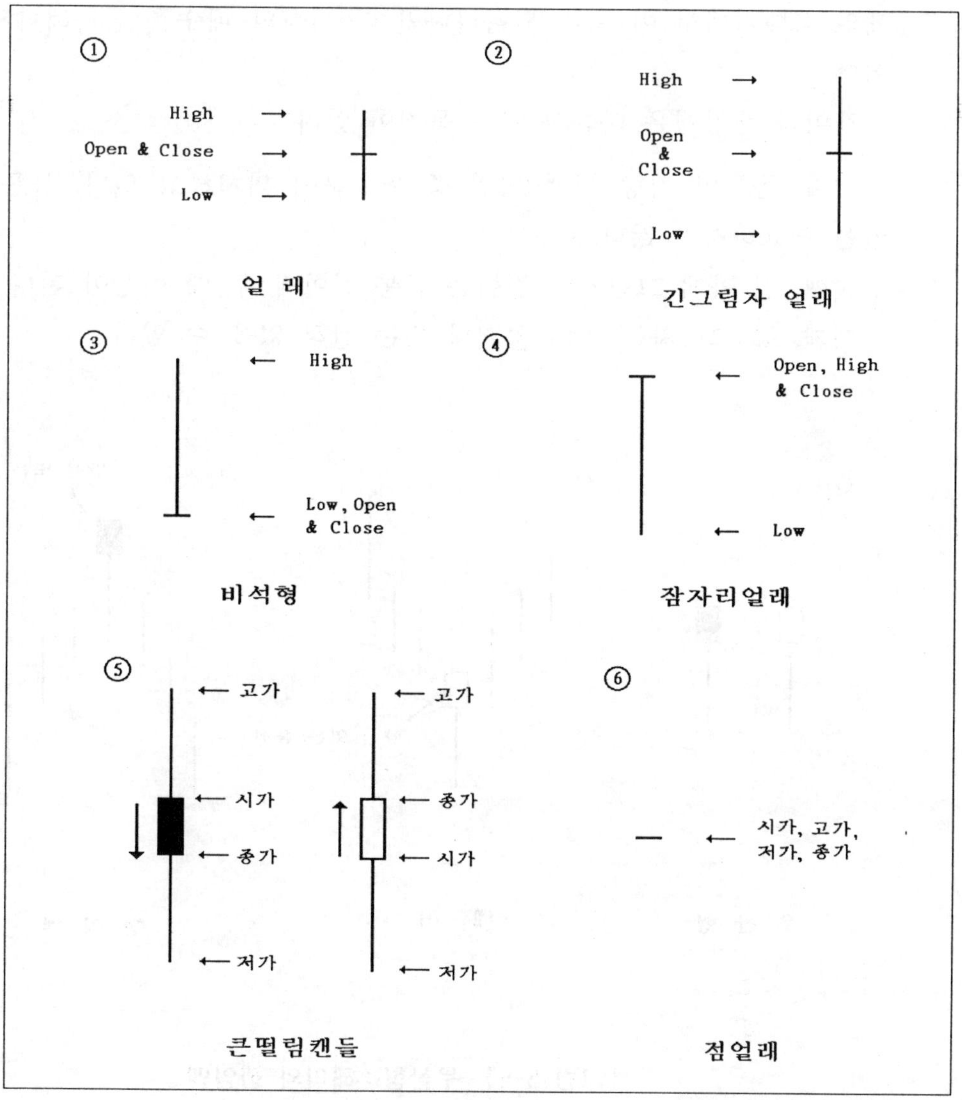

[그림 5-4] 얼래의 여러 가지 종류

3.3 우산형 : 해머와 행잉맨

우산형(umbrella)에는 해머와 행인맨이 있다. 해머(hammer)는 하락장에서 출현하여 과다매도상태를 나타내고 향후 상승 반전될 가능성을 높여준다. 행잉맨(hanging man)은 상승장에서 출현하여 과다매수상태를 나타내고 향후 하락장세로의 반전 가능성을 높여 준다. 특히 장기간 상승장세의 꼭대기에서 이 형태가 나타나면 더 이상의 매수를 삼가해야 할 것이다.

해머와 행잉맨은 다음과 같은 특징이 있다.

첫째, 몸통이 장중 거래 범위 중 윗부분에 위치하고 있다. 몸통의 색깔은 중요하지가 않다.

둘째, 긴 아래 그림자의 길이는 몸통 길이의 두 배 이상이 된다.

셋째, 윗 그림자는 거의 없거나 또는 전혀 없을 수 있다.

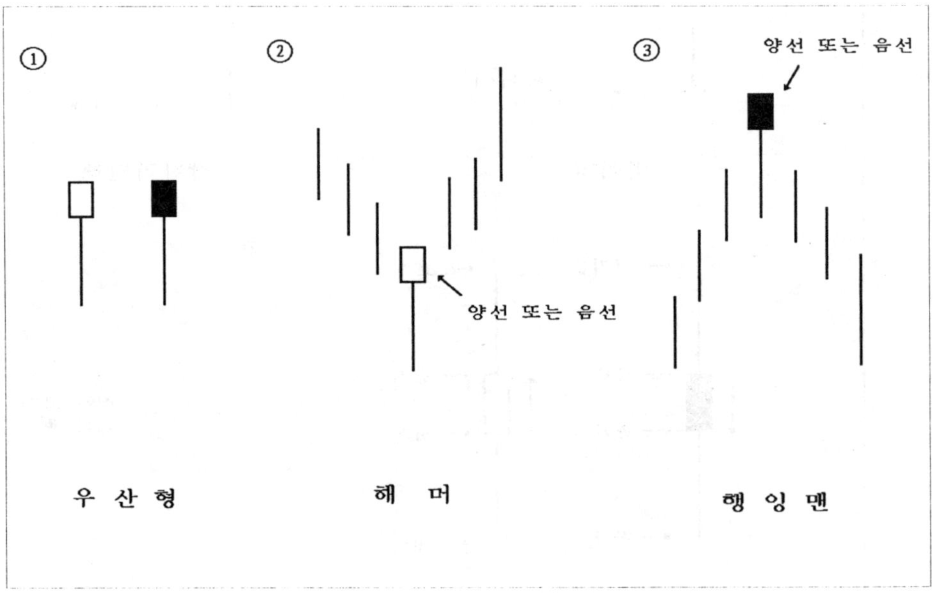

[그림 5-5] 우산형 : 해머와 행잉맨

3.4 장악형 : 상승장악형과 하락장악형

장악형(engulfing pattern)은 서로 상반된 색깔의 몸체로 구성되어 반전 신호로 작용하고 있다. 상승장악형은 하락장세에서 형성되며 양선이 음선을 둘러싸고 있고 하락장악형은 상승장세에서 형성되며 음선이 양선을 둘러싸고 있다.

장악형은 다음과 같은 세 가지 특징이 있다.

- 추세가 단기간에 형성되었어도 상승추세와 하락추세가 명확하게 확인되어야 한다.
- 두 번째 몸체는 앞선 첫 번째 몸체를 장악해야 한다. 그림자는 무시해도 된다.
- 두 번째 몸체는 앞선 첫 번째 몸체와 반대 색깔을 가지고 있어야 한다.

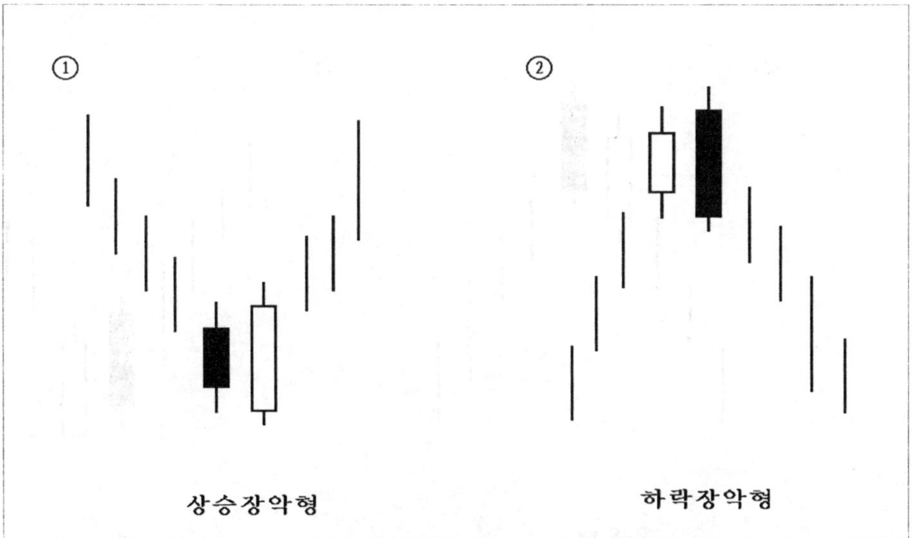

[그림 5-6] 장악형 : 상승장악형과 하락장악형

3.5 흑운형과 관통형

흑운형(dark-cloud cover)과 관통형(piercing pattern)은 중요한 반전신호이다. 흑운형은 상승추세에서 하락추세로, 관통형은 하락추세에서 상승추세로 전환될 때 나타나는 패턴이다. 관통형은 하락세력이 약화되면서 저가의 매입세력이, 흑운형은 상승세력이 약화되면서 고가의 매도세력이 새로 생성되고 있음을 의미한다.

흑운형의 특징은 다음과 같다.

- 첫째 날은 상승이 지속되는 가운데 긴 양선이 출현한다.
- 둘째 날은 첫째 날의 고가보다 높은 가격으로 시가가 시작되는 음선이다.
- 둘째 날의 종가는 첫째 날 양선의 중간 이하와 저가 사이에서 형성된다.

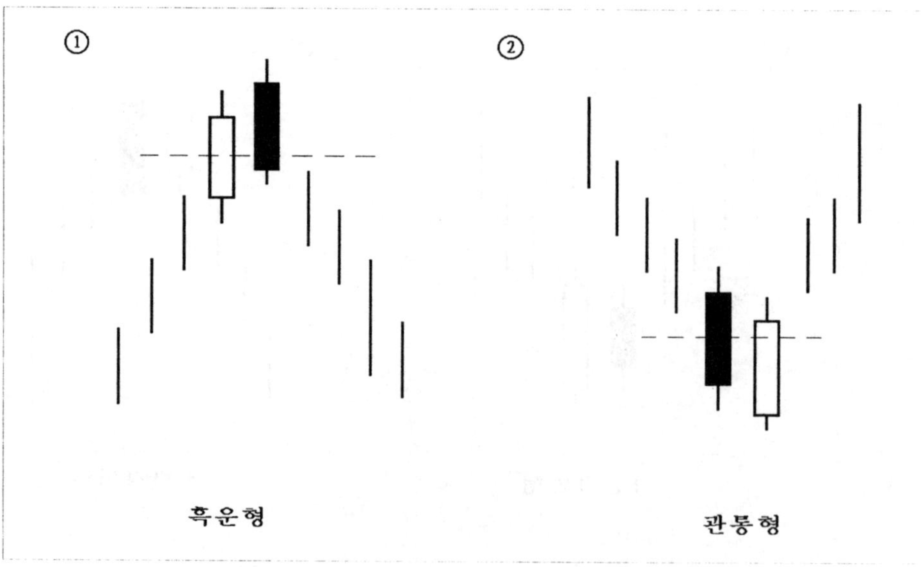

[그림 5-7] 흑운형과 관통형

3.6 별 형

별형(star)은 대표적인 전환패턴 중 하나이다. 별형은 긴 양선 또는 음선과 일정 갭(gap)을 두고 발생한 작은 몸체로서 서로 겹치지 않는다. 별형의 몸통 색깔은 중요하지가 않으며 상승추세의 꼭대기나 하락추세의 막바지인 바닥에서 발생한다.

샛별(morning star)은 하락추세에서 상승추세로, 저녁별(evening star)은 상승추세에서 하락추세로 전환될 때 발생한다.

저녁별과 샛별의 특징은 다음과 같다.

- 상승추세일 때는 저녁별의 첫째 날로 긴 양선이 나타나며 하락추세일 때는 샛별의 첫째 날로 긴 음선이 나타난다.
- 둘째 날은 항상 첫째 날과 갭을 두고 형성되나 색깔은 중요하지가 않다.
- 셋째 날은 항상 첫 번째 날과 반대 색깔을 가진다.
- 첫째 날과 셋째 날은 대부분 긴 음선 및 양선으로 형성된다.

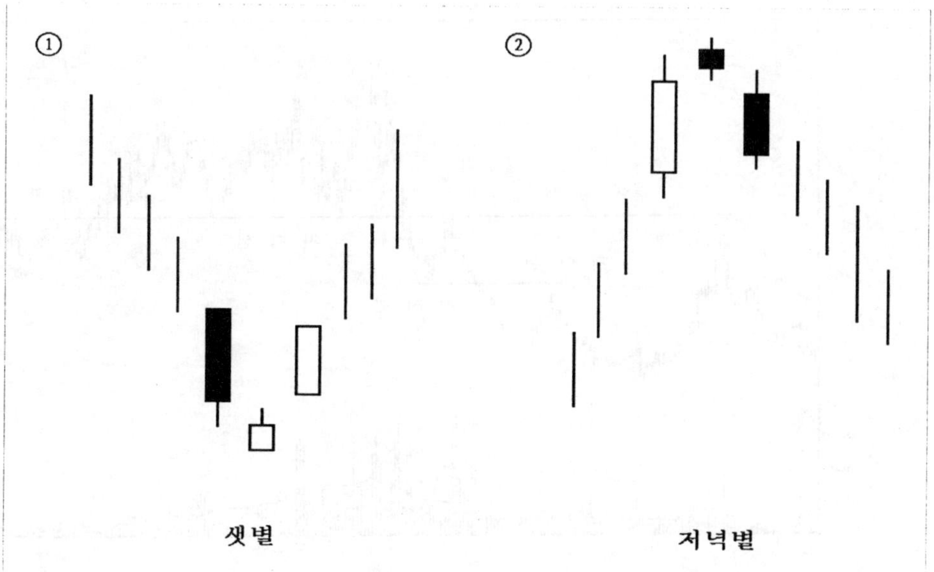

[그림 5-8] 샛별과 저녁별

4. 추 세 분 석

지지선과 저항선 그리고 추세선에 대해 살펴보고자 한다.

4.1 지지선과 저항선

저항선이란 주가 및 지수의 고점들을 연결한 선으로 더 이상 상승할 수 없을 정도로 매도세력이 강력하여 매입세력을 압도하는 주가수준을 말한다. 지지선은 저항선과 반대로 매입세력이 강력하여 매도세력을 압도하는 주가수준을 말한다.

일반적으로 직전에 형성된 최고점이 저항선으로 작용하기도 한다. 직전 고점을 상향돌파하기 위해서는 직전 고점에 비해 더 많은 거래량이 수반되어야 가능하다.

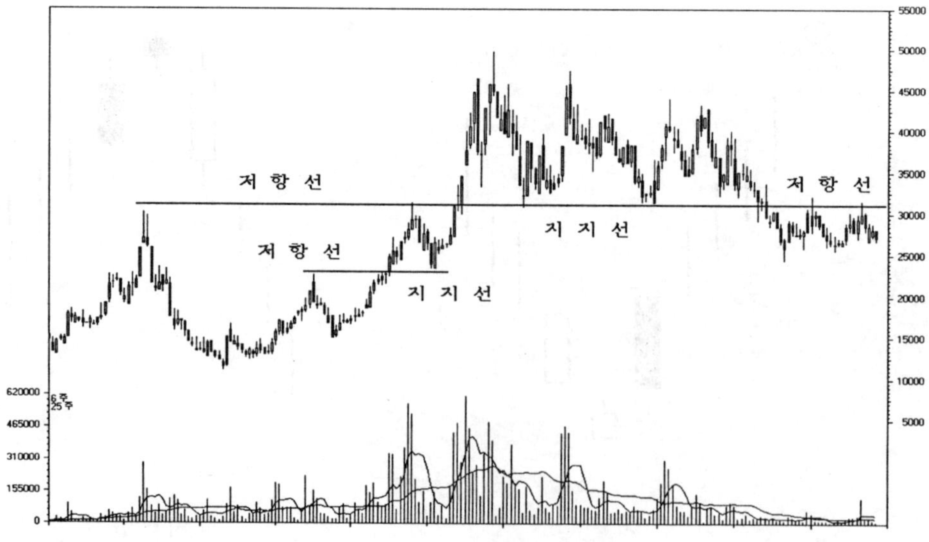

[그림 5-9] 지지선과 저항선

직전에 형성된 최고점은 이후 저항선이 되기도 하며, 반대로 직전에 형성된 최저점은 이후 지지선이 되기도 한다. 또한 저항선이나 지지선이 일단 돌파가 되면 이제까지의 저항선은 지지선으로, 지지선은 저항선으로 그 역할이 바뀌는 경우가 많다.

4.2 추 세 선

추세는 주가 및 지수가 움직이는 방향을 말한다. 주가는 일정 기간 일정 방향으로 움직이기보다는 수시로 방향을 전환하면서 움직이는 경우가 더 많다.

- 상승추세 : 저점의 위치가 지속적으로 상승하는 경우
- 하락추세 : 고점의 위치가 점차적으로 하락하는 경우
- 보　　합 : 추세가 명백하지 않는 경우

추세선이란 추세를 나타내는 선으로 최소한 2개 이상의 고점 또는 저점이 필요하다. 추세선의 신뢰도는 고점이나 저점들의 확인 과정이 여러 번 진행될수록, 추세선의 길이가 길수록, 기울기가 완만할수록 커진다. 또한 장기간에 형성된 추세선일수록 신뢰도가 커진다.

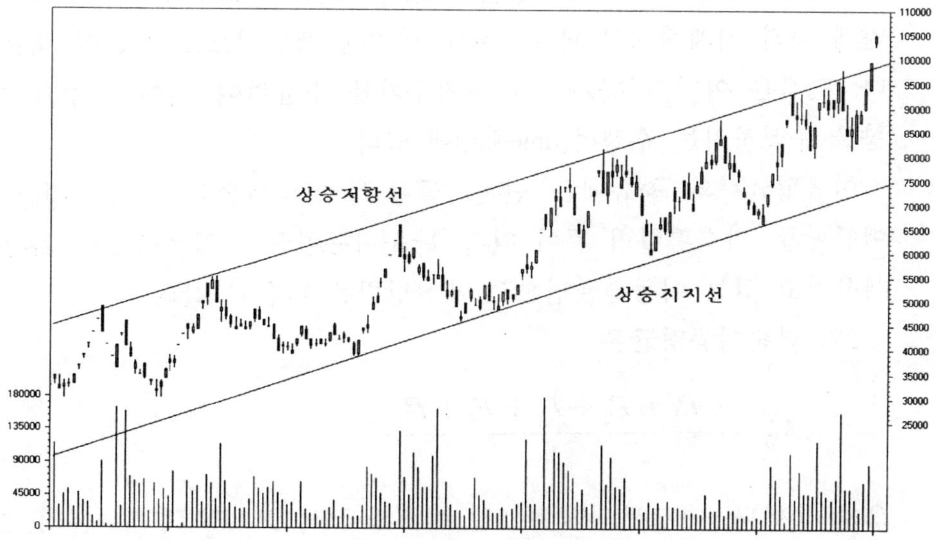

[그림 5-10] 상승추세대

5. 이동평균선 분석

이동평균선의 개념과 다양한 분석방법 그리고 거래량 분석법에 대해서도 살펴보자.

5.1 이동평균선의 개념

이동평균선 분석은 일정 기간의 주가 평균치의 진행방향을 확인하고 현재의 주가 진행방향과 어떤 관계가 있는지를 분석함으로써 미래의 주가움직임을 미리 예측하고자 하는 지표이다.

이동평균선은 단기 · 중기 · 장기 이동평균선으로 분류하며, 각각의 특성에 따라 주가의 지지선이나 저항선의 역할을 수행한다. 이동평균선의 단기지표로는 5일, 10일, 20일 평균선을, 3개월에서 5개월가량의 중기지표로는 60일 또는 100일 평균선을, 6개월 이상의 비교적 장기지표로는 120일 또는 200일 평균선 등이 있다.

이동평균선을 이용하는 장점은 계산하기가 편리하고 계산 결과와 모양에 따라 기계적으로 매수 · 매도 신호를 객관적으로 도출해 내는 것이다. 단점은 이미 지나가버린 과거주가를 평균하여 미래의 주가 이동방향을 분석하려는 후행성(time-lag)에 있다.

이동평균선의 종류에는 단순이동평균, 가중이동평균, 누적평균, 기하이동평균, 지수평할법 등이 있다. 단순이동평균은 일반적으로 가장 많이 사용하고 있는 이동평균법으로 계산방법은 다음과 같다.

5일 단순이동평균은

$$M_5 = \frac{P_1 + P_2 + P_3 + P_4 + P_5}{6}$$

으로 구한다. 여기서, M_5는 5일 이동평균을, $P_1, P_2, P_3,$ ……는 1, 2, 3일째 주가를 뜻한다.

5.2 이동평균선을 이용한 분석방법

주가이동평균선을 이용한 주가예측 방법으로는 이격도 분석, 방향성 분석, 배열도 분석, 지지선 분석, 저항선 분석, 연관성 분석, 크로스 분석 그리고 밀집도 분석 등이 있다.

(1) 방향성 분석

단기 · 중기 · 장기 이동평균선의 방향이 상승 중인지 하락 중인지를 확인하는 방법이다. 모두 상승하고 있으면 강세시장을, 모두 하락하고 있으면 약세시장을 나타낸다. 주가가 하락추세에서 상승추세로 전환할 때는 '단기선 상승⇒중기선 상승⇒장기선 상승'의 과정을 거친다. 하락추세로의 전환은 반대의 경우다.

(2) 배열도 분석

정배열과 역배열 상태를 분석하는데, 정배열이란 '현재 주가 · 단기 이동평균선 · 중기 이동평균선 · 장기 이동평균선' 순서로 위에서 아래로 배열된 상태를 말하며 역배열은 반대의 경우이다. 주가움직임은 일반적으로 '정배열(주가상승)⇒역배열 전환(주가하락전환)⇒역배열(주가하락)⇒정배열 전환(주가상승전환)⇒정배열(주가상승)'의 과정으로 순환한다.

(3) 지지선 분석

주가가 상승 중일 때에는 단기 · 중기 · 장기 이동평균선을 지지선으로 상승하지만 하락반전될 때에는 이동평균선들을 차례로 하향이탈하게 된다. 이를 지지선 분석이라 한다. 지지선 분석을 할 때에는 단기 · 중기 · 장기 이동평균선의 각 특성을 잘 파악하여 비정상 거래로 인한 일시적인 속임수를 예방하고 수익률을 극대화시켜야 한다.

(4) 저항선 분석

주가가 하락 중일 때에는 단기·중기·장기 이동평균선이 차례로 저항선이 되어 주가가 하락하게 되나 상승반전될 때에는 각 이동평균선들을 차례로 상향 돌파하면서 주가가 상승하게 된다. 이를 저항선 분석이라 한다.

(5) 크로스 분석

단기 이동평균선이 장기 이동평균선을 아래에서 위로 상향돌파하는 골든크로스(golden-cross)와 단기 이동평균선이 장기 이동평균선을 위에서 아래로 하향돌파하는 데드크로스(dead-cross)가 있다. 일반적으로 골든크로스는 매수신호로 데드크로스는 매도신호로 알려져 있다. 보통 20일 평균선과 60일 평균선을 사용하고 있다.

(6) 밀집도 분석

장기·중기·단기 이동평균선들이 서로 모였다 헤어졌다 하면서 주가가 상승하고 하락하는 순환과정을 나타내고 있다. 이러한 순환과정을 통해 주가의 매매시점을 판단하는 분석기법이다.

5.3 거래량 이동평균선

일반적으로 거래량은 주가에 선행하여 움직이므로 거래량의 동향을 분석하면 가까운 장래의 주가를 미리 예측해 볼 수 있다. 주가가 상승 중일 때에는 매수세력이 증가하기 때문에 거래량이 증가추세를 보이고, 반대로 주가가 하락 중일 때에는 매수세력이 약화되기 때문에 감소추세를 보인다.

거래량이 증가하기 시작하면 조만간 주가상승이 예상되고 반대로 거래량이 감소하기 시작하면 조만간 주가하락이 예상된다. 주가가 큰 폭 상승한 이후 주가는 계속 상승하고 있으나 거래량이 감소하기 시작하면 조만간 천정권이 예상되고, 반대로 주가가 큰 폭 하락한 이후 주가는 계속 하락하고 있으나 거래량이 증가하기 시작하면 조만간 바닥권이 예상된다.

이 원리를 이용하여 미래주가를 예측하고 매매시점을 찾고자 거래량 이동평균선을 이용한다. 거래량 이동평균선도 주가 이동평균선과 같은 방법으로 산출한다. 단기투자에는 5일 평균선을, 중기투자에는 20일 평균선을, 장기투자에는 60일 평균선을 주로 이용하고 있다.

6. 패턴분석

그래프 상에서 일정 기간 움직여 온 주가의 특정한 모양을 패턴이라 하며 크게 반전형 및 지속형으로 구분한다. 다음 그래프에서 반전형은 이중천정형과 V형처럼 이전까지의 주가 움직임이 전환되어 반대방향으로 이동할 것을 예시해 주고, 지속형은 페넌트형과 깃발형처럼 이전의 주가 움직임이 잠시 횡보국면을 보인 후 다시 지속될 것임을 알려주고 있다.

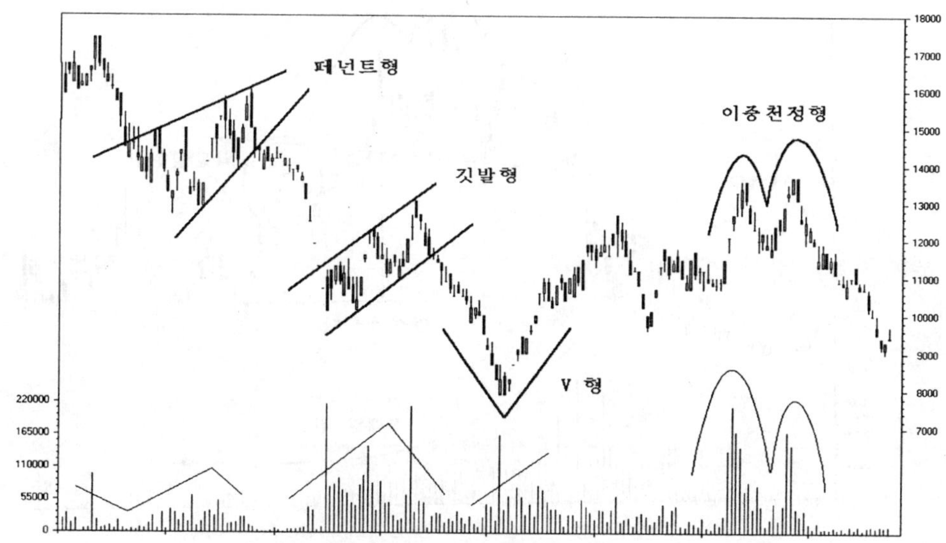

[그림 5-11] 반전형과 지속형

6.1 반 전 형

(1) 헤드 앤 숄더

헤드 앤 숄더(head & shoulder) 패턴은 가운데 가장 높은 봉우리를 포함한 세 개의 봉우리로 형성되어 있다. 상승과 하락이 세 번씩 반복해서 일어나며 가운데 봉우리를 머리, 왼쪽을 왼쪽 어깨, 오른쪽을 오른쪽 어깨라 부른다.

왼쪽 어깨는 주가가 주추세선을 따라 큰 폭으로 상승하고 있으며 동시에 거래량의 증가세가 현저하게 나타나는 시점으로 장세를 낙관한 세력이 적극적인 매매를 한다. 머리는 두 번째 상승으로 왼쪽 어깨보다 높게 나타나지만 일반적으로 하락할 때는 왼쪽 어깨의 바닥 수준까지 하락한다. 오른쪽 어깨는 세 번째 상승으로 머리의 정상까지 올라가지 못하고 하락폭의 2/3수준까지만 회복하고 다시 하향 전환된다. 세 개의 봉우리를 형성하는 동안 거래량은 현저하게 감소한다.

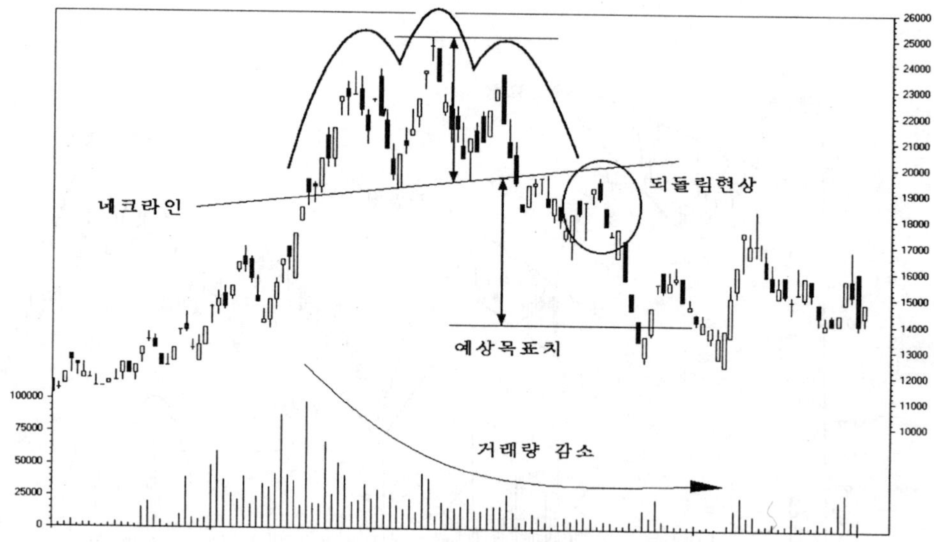

[그림 5-12] 헤드 앤 숄더 패턴

헤드 앤 숄더 패턴을 거꾸로 뒤집어 놓은 것이 역 헤드 앤 숄더 패턴으로 하락추세가 상승추세로 전환될 때 나타나는 패턴이다. 역 헤드 앤 숄더가 형성되는 동안 거래량이 증가하면서 하락추세가 상승추세로 전환된다.

(2) 이중천정형과 이중바닥형

이중천정형은 거래량이 감소하면서 상승추세가 하락추세로 전환될 때 형성되며 이중바닥형은 거래량이 증가하면서 하락추세가 상승추세로 전환될 때 형성된다. 이중천정형은 'M자형'으로, 이중바닥형은 'W자형'이라 부르기도 한다. 이중천정형을 확인하기 위해서는 양 봉우리를 형성하는 데 걸린 시간이 장기간(대략 1개월 이상)일수록 또는 주가움직임의 진폭이 클수록 신뢰도가 높다고 본다.

이중천정형의 예상목표치는 두 봉우리 고점에서 단기 바닥인 골까지의 거리만큼 앞으로 더 하락할 것으로 예상한다. 이중바닥형은 두 번째 바닥이 첫 번째 바닥보다 더 완만하면서 더 높게 형성된다.

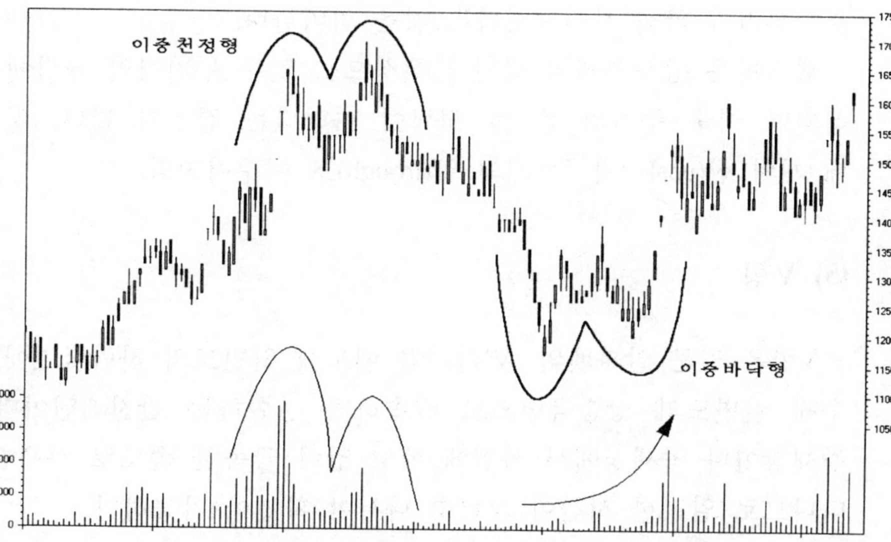

[그림 5-13] 이중천정형 및 이중바닥형 패턴

(3) 선형 · 원형천정형 · 원형바닥형

선형, 원형천정형, 원형바닥형은 실전매매에서 발견하기가 매우 힘들지만 형성될 때에는 큰 폭의 수익을 올릴 수 있어 유일한 꿈의 패턴으로 알려져 있다.

선형은 적은 등락 폭으로 장기간에 걸쳐 보합권을 유지하며 횡보한 후 거래량이 증가하면서 지금까지의 등락 폭보다 상당히 큰 폭으로 저항선을 상향돌파하면서 주가가 상승하는 패턴이다. 원형바닥형은 판독하기가 매우 쉽고 성공할 확률도 높은 동시에 향후 주가방향과 전환시점을 서서히 그리고 정확하게 가르쳐 준다. 원형바닥형은 서서히 상승추세로 전환되는 패턴으로 원형천정형보다 소요되는 시간이 더 많이 걸리고 모양과 형태도 더욱 확실하다.

(4) 확대형

확대형은 주가의 고점들이 점점 높아가는 반면 주가의 저점들이 점점 낮아지면서 등락 폭이 확대되는 형태를 말한다. 확대형의 출현은 시황이 매우 혼란하여 미래에 대한 예측이 불가능하거나 또는 투자자들의 투자심리가 극히 불안정하다는 것을 의미한다.

확대형은 상승추세의 말기적 현상으로 일부 투기적인 세력에 의해 형성되며 이후 주가의 큰 폭 하락이 나타나는 경우가 많다. 일반적으로 세 개의 산(peaks)과 두 개의 골(trough)로 이루어진다.

(5) V형

V형은 영문 알파벳의 'V'자처럼 매도세 일변도의 하락국면에 이어 매수세 일변도의 상승국면으로 급속하게 전환하는 반전패턴이다. V형은 강세장이나 약세장에서 사전에 예고 없이 급속한 속도로 추세전환이 나타나므로 일정한 시간이 지나고 나서야 확인이 가능하다.

역V형은 V형과는 달리 상승추세에서 하락추세로 급변하는 과정에서 형성되며 거래량이 증가하다가 급속히 감소한다. V자형과 역V자형은 예상하지 못한 대형 호재와 악재에 의해 발생하는 시장심리의 극적인 전환으로 주가움직임의 대역전이다.

6.2 지 속 형

지속형은 이전까지의 주가움직임이 일시적으로 정지한 상태에서 진행하므로 반전형에 비해 그 형성기간이 비교적 작게 걸리며 영향력도 일시적이다.

(1) 삼각형

삼각형은 반복적인 등락을 하는 동안 점점 그 등락 폭이 줄어들어 전체적인 주가움직임이 수렴하는 모양을 보인다. 삼각형에서 고점들을 이은 추세선은 강력한 저항선으로, 각 저점들을 이은 추세선은 강력한 지지선으로 작용하고 있으며 점점 그 폭이 줄어들고 있다.

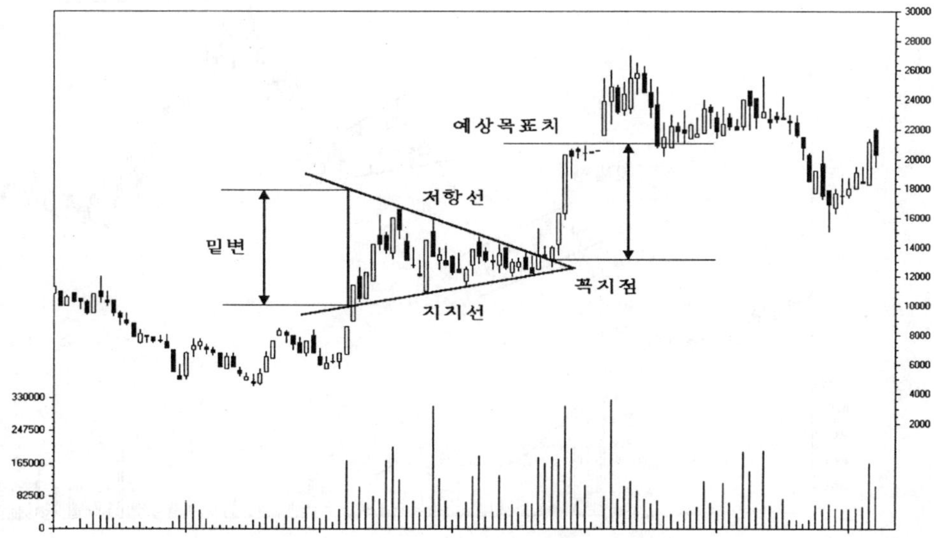

[그림 5-14] 삼각형

삼각형은 최소한 4번 이상 주가의 등락이 있어야 하며 또한 밑변과 꼭지점으로 구성되어 있다. 삼각형을 형성한 주가는 보통 밑변과 꼭지점 간 거리의 2/3 지점을 통과한 이후에 추세선을 돌파하게 된다.

삼각형 종류에는 이등변삼각형, 상승삼각형, 하락삼각형이 있다. 이등변삼각형은 약세장에서 나타나면 큰 폭 하락을, 강세장에서 나타나면 큰 폭 상승을 가져온다. 상승삼각형은 주가가 상승하는 도중에 나타나 추가상승을 예고하고, 하락삼각형은 주가가 하락하는 도중에 나타나 추가하락을 예고하는 신호로 인식한다. 삼각형도 목표치 계산이 가능하다.

(2) 깃발형과 페넌트형

깃발형(flag)과 페넌트형(pennant)은 주가가 거의 수직에 가까운 빠른 속도로 움직인 이후 일시적으로 횡보국면을 보이는 과정에서 나타난다. 이때 주가의 수직적인 움직임은 마치 깃대와 같으며, 앞으로 주가의 예상 목표치는 그 깃대 길이만큼 더 움직일 것으로 예측해 볼 수 있다.

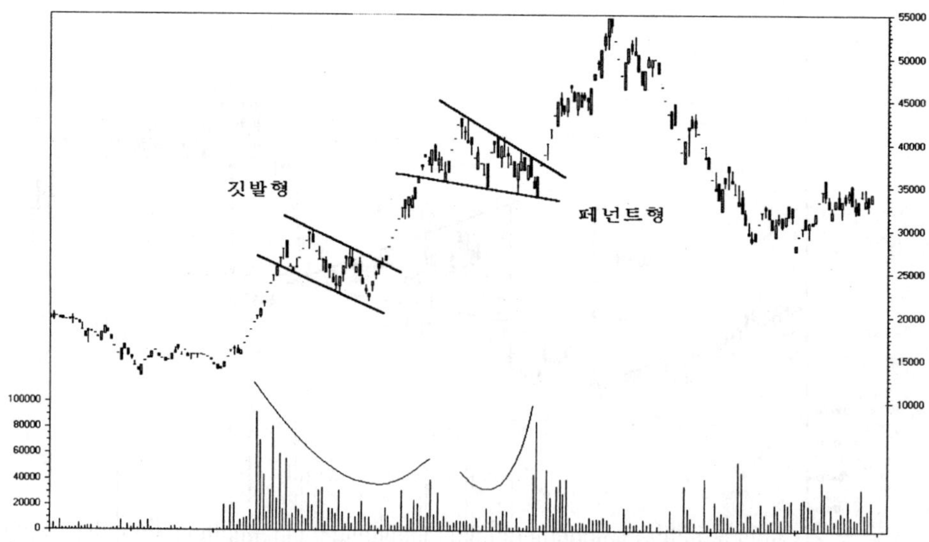

[그림 5-15] 깃발형과 페넌트형

깃발형과 페넌트형은 다음과 같은 특징이 있다.

- 반드시 주가움직임이 거의 수직에 가까워야 한다.
- 일반적으로 1~3주일 사이의 단기간에 형성되어야 한다.
- 주가는 기존의 깃대 형성 움직임과 반대방향으로 움직인다.

(3) 쐐기형

쐐기형(wedge)은 깃발형과 삼각형의 혼합형이다. 고점을 연결하는 저항선과 저점을 연결하는 지지선이 서로 평행하지 않고 두 선이 점점 좁아져 한곳으로 모이는 모양이다.

깃발형과 같이 아래·위의 두 추세선이 모두 같은 방향을 향하고 있으며 상승쐐기형과 하락쐐기형으로 구분된다. 주가가 상승추세를 보이면 하락쐐기형이 형성되고, 하락추세를 보이면 상승쐐기형이 형성된다.

(4) 직사각형

직사각형(rectangle)은 매도세력과 매수세력이 서로 균형을 이루고 있으나 거래가 활발하지 못한 경우에 나타나게 된다. 위 수평선은 강력한 저항선으로, 아래 수평선은 강력한 지지선으로 작용하면서 거래량이 급격히 감소하는 형태이다.

직사각형이 형성되기 위해서는 최소한 두 개의 고점과 두 개의 저점이 형성되어서 4번 이상 주가등락이 있어야 한다. 일반적으로 주가의 예상 목표치는 지지선과 저항선 사이의 주가등락 폭만큼 추세선 돌파 이후 더 움직이는 것으로 주가의 최소 목표치를 구한다.

6.3 갭

어느 날 갑자기 주가가 폭등하거나 폭락하면서 주가와 주가 사이에 빈 공간이 나타나는데, 이 빈 공간을 갭(gap)이라 부른다. 갭은 지금까지의 매도세와 매수세 사이의 균형이 어느 한쪽으로 치우친 결과이며 앞으로 주가에 예기치 못한 변화가 발생하리라는 것을 예고해 준다.

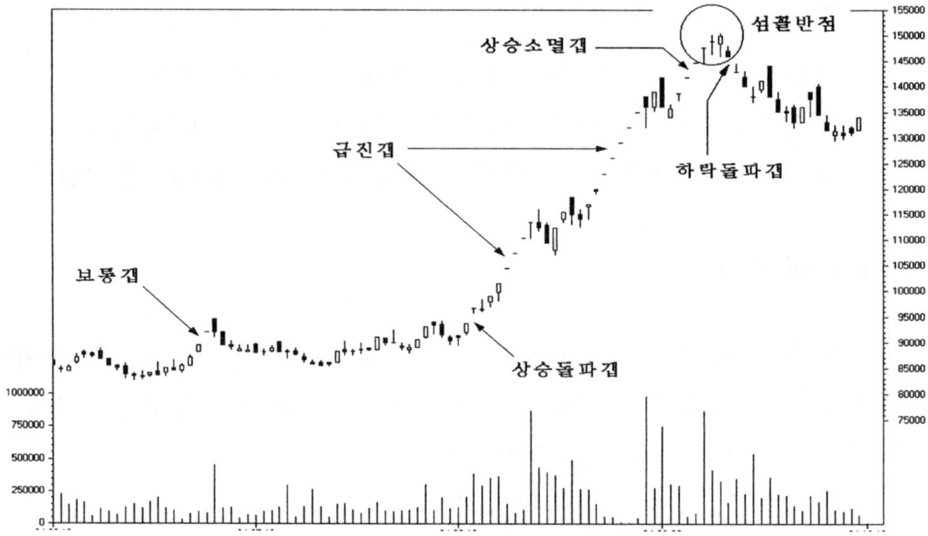

[그림 5-16] 갭의 여러 가지 종류

일반적으로 갭이 발생한 가격대는 앞으로 지지선이나 저항선의 역할을 할 수도 있다. 상승추세에서 발생한 갭은 강력한 지지선 역할을 하며, 하락추세에서 발생한 갭은 강력한 저항선 역할을 한다. 그러나 갭이 일단 채워지면 갭으로서 더 이상의 의미가 없어진다.

갭의 종류에는 보통 갭(common gap), 돌파 갭(break-away gap), 급진 갭(run-away gap), 소멸 갭(exhaustion gap), 그리고 갭으로 구성된 섬꼴반전(island reversal) 등이 있다.

7. 지 표 분 석

기술적 지표는 장세분석에 해당되는 분야이다. 기술적 지표는 현재 시장의 수급상태, 즉 매입효과 또는 매도효과 등을 파악하여 매매하는 방법이다.

7.1 MACD

MACD(Moving Average Convergence & Divergence)는 장기 · 단기 두 이동 평균 사이의 관계를 보여주는 운동량 지표로서 제럴드 아펠에 의해 개발되었다. 장기지수이동평균과 단기지수이동평균의 차이를 MACD라 하며, 이 MACD의 지수이동평균을 '시그널(signal)'이라 부른다.

$$\text{MACD} = \text{단기 지수이동평균} - \text{장기 지수이동평균}$$
$$\text{시그널} = n\text{일 MACD 지수이동평균}$$

MACD의 원리는 장기와 단기 두 이동평균선이 서로 멀어지게 되면 언젠가는 다시 가까워져 어느 시점에서 서로 교차하게 된다는 성질을 이용하고 있다. 분석방법은 MACD가 시그널을 아래에서 위로 상향돌파할 때를 매수시점으로, MACD가 시그널을 위에서 아래로 하향이탈할 때를 매도시점으로 인식하고 매매하는 방법이다.

7.2 OBV

OBV(On Balance Volume)는 거래량이 주가에 선행한다는 이론으로 거래량 분석을 통해 주가분석을 하는 거래량 지표 중 하나이다. 전체 시장이 매집단계에 있는지 아니면 분산단계에 있는지를 광범위하게 분석할 수 있다.

$$\text{If 당일 종가} > \text{전일 종가, OBV} = \text{전일 OBV} + \text{금일 거래량}$$
$$\text{If 당일 종가} < \text{전일 종가, OBV} = \text{전일 OBV} - \text{금일 거래량}$$
$$\text{If 당일 종가} = \text{전일 종가, OBV} = \text{전일 OBV}$$

OBV가 직전 고점을 상회하면 상승신호로서 U표시를, 직전 저점을 하회하면 하락신호로서 D표시를 한다. 분석방법은 다음과 같다.

- 주가는 하락 & OBV는 하락하지 않고 횡보 : 시장 내부에 매집활동이 있어 조만간 주가상승 예상

- 주가는 상승 & OBV는 상승하지 않고 횡보 : 시장 내부에 분산활동이 있어 조만간 주가하락 예상
- 주가는 횡보 & OBV는 상승 : 향후 주가상승을 예상
- 주가는 횡보 & OBV는 하락 : 향후 주가하락을 예상

7.3 P & F 차트

P&F(Point & Figure) 차트는 주가의 흐름만을 중요시하고 거래량과 시간의 흐름을 무시하고 있다. 일정 폭 이하의 사소한 주가움직임을 제외시켜 중·장기적인 관점의 주가추세를 파악하고 매매시점 포착을 쉽게 하기 위한 투자지표이다.

P&F 차트의 특징은 다음과 같다.

- 시간 흐름을 무시하고 주가의 장기적인 흐름만을 중요시하고 있다.
- 작성법에 따라 차트 모양이 달라질 수 있다.
- 좁은 공간에 장기간 기록이 가능하여 주가의 장기적인 추세파악에 유리하다.
- 매매시점 및 목표치 계산이 가능하다.
- 거래량과 시간 흐름이 무시된 단점과 주가의 추세분석과 패턴분석이 가능한 장점이 있다.

P&F 차트에서 ×표가 계속 이어지는 것은 매수세가 이어지면서 상승장세임을 나타내고, 반대로 ○표가 계속 이어지는 것은 매도세가 유입되면서 하락장세임을 나타낸다.

7.4 RSI

RSI(Relative Strength Index)는 상승추세 또는 하락추세가 얼마나 강력한지를 백분율로 나타내는 지표이다. RSI는 추세강도를 객관적으로 나타내 주가추세의 전환시점을 정확히 예측하는 데 유용한 지표이다.

$$\mathrm{RSI} = \frac{n\text{일간의 주가 상승폭 합계}}{n\text{일간의 주가 상승폭 합계} + n\text{일간의 주가 하락폭 합계}} \times 100(\%)$$

- RSI값 판단법 : 75% 이상 강세, 50% 전후 보통, 25% 이하 약세
- RSI와 주가와의 다이버전스 : RSI의 값이 30 이하 또는 70 이상에서 다이버전스가 발생하면 이는 강력한 추세 반전신호로 간주한다.
- RSI가 상승하면서 약세권을 벗어나는 순간을 매수시점으로, RSI가 하락하면서 강세권을 이탈하는 순간을 매도시점으로 인식할 수 있다.

7.5 SONAR

SONAR(Sonar Momentum)는 일본 노무라 증권의 기술적 분석가인 오카모도(1979)에 의해 개발된 시계열 차트로서 주가의 전환점을 파악하기 위해 개발되었다. SONAR는 주가가 상승하더라도 기울기가 둔화되면 향후 주가하락의 가능성이 커지고 반대로 주가가 하락하더라도 기울기가 상승하면 주가상승의 가능성이 높다고 본다.

- 지수이동평균 산출공식

$$\text{금일 지수이동평균} = \text{전일 지수이동평균} + a \cdot (\text{금일 종가지수} - \text{전일 지수이동평균})$$
$$(\text{단, } 0 < a < 1)$$

- SONAR 산출공식

$$\text{금일의 } n\text{일 SONAR} = \text{금일 지수이동평균} - n\text{일 전 지수이동평균}$$

- Sonar가 0선을 교차하는 순간을 매수 · 매도 시점으로 판단한다.
- Sonar와 Sonar 이동평균이 서로 교차하는 순간을 매매시점으로 이용하는 방법이 있다.

7.6 Stochastics

Stochastics는 주가가 움직이는 특성을 가장 잘 반영하는 지표 중 하나로서 조지 레인(George Lane)에 의해 개발되었다. 일정 기간의 주가변동폭 중 금일 종가의 위치를 백분율로 나타낸 것이다.

$$\%K = \frac{\text{금일종가} - \text{최근 } n\text{일 중 최저가}}{\text{최근 } n\text{일 중 최고가} - \text{최근 } n\text{일 중 최저가}} \times 100(\%)$$

%D : %K의 이동평균

Stochastic은 %K와 %D 두 지표로 나타내며 분석방법은 다음과 같다.

- Stochastic이 침체권(30%) 이하로 내려갔다가 재상승하는 경우 매수신호이다.
- Stochastic이 과열권(70%) 이상 올라갔다가 재하락하는 경우 매도신호이다.
- %K선이 %D선을 상향돌파하여 상승하면 매수신호이고, %K선이 %D선을 하향이탈하여 하락하면 매도신호이다.
- 다이버전스 현상을 이용한 매매방법이 있다.

7.7 주가와 거래량 상관곡선

거래량은 X축에, 주가는 Y축에 나타내며 주가와 거래량의 n일 이동평균(주로 20일)에 의한 매일 매일의 교차점을 선으로 연결한 지표이다. 주가와 거래량의 상관관계가 매우 높다는 이론적 원리를 이용한 지표로서 그래프에서 시계의 반대방향으로 회전하는 경우가 많다고 해서 역시계곡선(Counterclockwise Curve)이라 부르기도 한다.

역시계곡선의 분석방법은 다음과 같다.

① X축에 거래량을, Y축에 주가(지수)를 나타낸다.

② 주가와 거래량의 n일 이동평균값을 산출한다.

③ ②에 의해 생긴 교차점을 연결한다.

역시계곡선은 다음과 같이 설명한다.

① 주가는 바닥인데 거래량이 증가하기 시작하면 하락에서 상승으로 전환이 예상되는 신호이다.
② 거래량이 더욱 증가하고 주가도 상승하기 시작하면 매입신호이다.
③ 거래량은 더 이상 증가하지 않지만 주가가 계속해서 상승하고 있으면 매입지속신호이다.
④ 거래량은 감소하기 시작하는데 주가만 계속 상승하고 있으면 매입보류신호이다.
⑤ 거래량이 더욱 감소하고 주가도 더 이상 상승하지 못하면 하락전환이 예상되는 신호이다.
⑥ 거래량이 더욱 감소하고 주가도 하락하기 시작하면 매도신호이다.
⑦ 거래량은 더 이상 감소하지 않지만 주가만 계속 하락하고 있으면 매도지속신호이다.
⑧ 주가는 계속 하락하고 있는데 거래량이 증가하기 시작하면 매도보류신호이다.

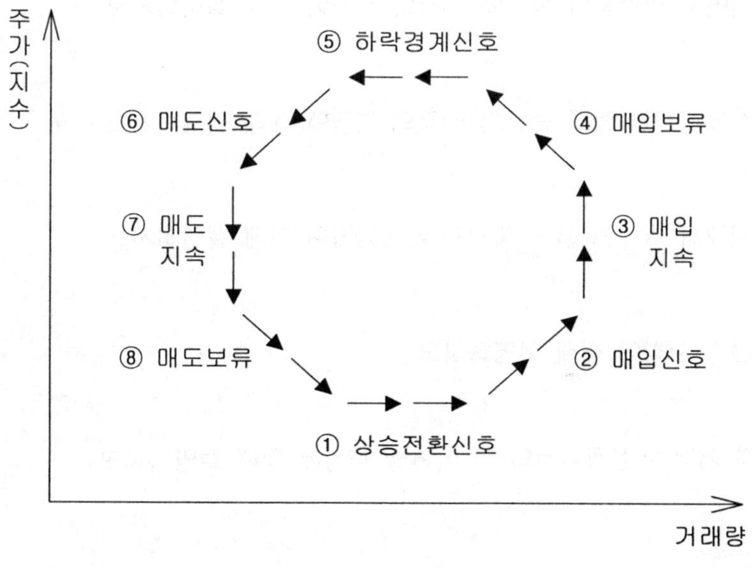

연 습 문 제

1. 기술적 분석의 정의와 원리에 대해 아는 바를 설명하시오.

2. 다우이론의 강세시장과 약세시장 3국면에서 일반투자자와 전문투자자의 투자심리 차이에 대해 설명하시오.

3. 캔들차트에서 우산형의 해머와 행잉맨의 차이를 비교하여 설명하시오.

4. 지지선과 저항선의 정의 및 추세선의 신뢰도에 대해 설명하시오.

5. 이동평균선의 개념과 분석방법에 대해 아는 바를 설명하시오.

6. 패턴분석에서 반전형의 종류와 각각의 특징에 대해 설명하시오.

7. 패턴분석에서 지속형의 종류와 각각의 특징에 대해 설명하시오.

8. 지표분석에서 각 지표들의 특징과 계산방법에 대해 설명하시오.

9. 다이버전스 현상에 대해 설명하시오.

10. 주가와 거래량 상관곡선의 각 국면별 특징에 대해 설명하시오.

제6장

채권투자의 이해

1. 채권의 특징과 분류
2. 채권의 가격결정
3. 이자율의 기간구조
4. 수익률의 위험구조

채권의 특징과 분류, 채권의 가격결정, 이자율과 기간구조 그리고 수익률의 위험구조에 대해 살펴보고자 한다.

1. 채권의 특징과 분류

채권은 정부, 지방자치단체, 특수법인 및 주식회사 등이 투자자들로부터 비교적 장기의 자금을 조달하기 위해 발행한 일종의 차용증서로서 원금과 이자의 지급조건이 표시된 유가증권이다.

1.1 채권의 특징

채권은 보통의 차용증서와 달리 법적인 제약과 보호를 받고 있으며 수익성과 안전성 그리고 높은 유동성을 지니고 있다.

(1) 채권의 일반적 특징

① 확정이자부증권 : 채권은 발행 시에 이미 발행자가 지급해야 하는 이자와 원금의 상환금액이나 또는 그 기준이 확정되어 있다.
② 기한부증권 : 채권은 원금과 이자의 상환기간이 발행시점에 정해져 있는 기한부증권이다. 채권의 잔존기간이 투자결정 요소로서 그 중요성을 가지며 수익률에 영향을 주고 있다.
③ 이자지급증권 : 채권의 발행자는 수익 여부와 관계없이 이자를 지급해야 한다. 채권의 이자지급은 기업의 손익과 성장에 많은 영향을 주게 된다.
④ 장기증권 : 채권은 대부분 장기증권으로 원리금 상환은 물론 장기간 존속해야 하고 유동성이 부여되어야 하므로 유통시장의 존재가 필수적이다.

(2) 채권의 장점

① 수익성 : 투자자가 어떤 특정한 채권을 보유함으로써 얻을 수 있는

투자수익을 의미한다. 투자수익에는 이자소득과 자본소득이 있다.

② 안전성 : 투자자가 채권 투자로 인해 손실이 발생할 가능성을 채권의 위험이라 한다. 채권의 위험에는 보통 채무불이행(비체계적)위험과 시장위험(체계적) 등이 있다.

③ 유동성 : 투자자가 화폐가치의 손실 없이 즉시 채권을 현금으로 교환할 수 있는 정도를 말한다. 채권은 당일 결재로 현금화할 수 있다.

(3) 채권과 주식의 비교

〈표 6-1〉 채권과 주식의 비교

	주식	채권
자본의 성격	자기자본	타인자본
소유주의 지위	주주	채권자
소유자의 권리	의결권과 경영참가권 소유 배당금 잔여재산분배권	의결권과 경영참가권 없음 확정이자 주식에 우선하는 잔여재산분배권
증권의 존속기간	만기가 없는 영구증권	만기가 있는 시한부증권
원금상환 여부	원금상환이 없는 대신 배당지급	만기 시 원금을 상환
위험	상대적으로 큰 위험	상대적으로 작은 위험

주식의 소유와 회사의 경영이 전문경영인의 영입으로 인해 상호 분리되는 현상이 정착되어가고 있다. 배당의 평준화 현상, 중장기 채권의 준자본화 현상 등에 따라 채권과 주식의 차이가 점점 좁아지고 있다.

또한 배당을 보장받는 무의결권우선주, 전환사채, 신주인수권부사채 등 채권과 주식이 혼합된 증권이 등장함으로써 주식과 채권이 상호 접근하는 현상을 보이고 있다.

1.2 채권의 분류

채권은 종류가 매우 다양하여 발행주체, 보증유무, 이자지급방법, 상환기간, 원금상환방법 및 표시통화 등에 따라 다양하게 분류할 수 있다.

(1) 발행주체에 따른 분류

국채, 지방채, 특수채, 금융채, 회사채로 구분하고 있다.

〈표 6-2〉 발행주체에 따른 분류

구 분	내 용	종 류
국채(government bond)	국가가 재정정책의 일환으로 발행하는 채권	국민주택채권, 외국환평형기금채권, 국고채권, 재정증권 등
지방채 (municipal bond)	지방자치단체가 필요한 자금을 조달하기 위해 발행하는 채권	도시철도공채, 지역개발공채, 도로공채, 상수도공채 등
특수채 (specific bond)	특별한 법률에 의해 설립된 기관이 발행하는 채권	한국전력공사채권, 서울지하철공사채권, 도로공사채권, 토지개발채권 등
금융채 (financial bond)	금융기관이 발행하는 채권	통화안정증권, 산업금융채권, 주택금융채권, 중소기업금융채권 등
회사채 (corporate bond)	상법상의 주식회사가 발행하는 채권	전환사채(CW), 신주인수권부사채(BW), 보증사채, 담보부사채 등

(2) 이자지급방법에 따른 분류

이표채, 할인채, 복리채, 단리채 및 거치채로 구분하고 있다.

〈표 6-3〉 이자지급방법에 따른 분류

구 분	내 용	종 류
이표채 (coupon bond)	이자 지급일에 이자가 지급되는 채권	대부분 회사채
할인채(pure discount bond)	미리 할인한 금액으로 발행하는 채권	통화안정증권, 산업금융채권 등 대부분 금융채

구 분	내 용	종 류
복리채 (compounding bond)	복리로 재투자되어 만기에 원금과 이자를 동시에 지급하는 채권	국민주택채권, 지역개발채권 등
단리채 (simple bond)	이자 지급일에 단리로 지급되고 만기에 원금과 이자를 동시에 지급하는 채권	토지채 중 일부분
거치채 (deferred bond)	이자가 일정기간 거치 후 지급되는 채권	서울도시철도채권 등

(3) 표시통화에 따른 분류

원화표시채와 외화표시채로 구분하고 있다.

〈표 6-4〉 표시통화에 따른 분류

구 분	내 용	종 류
원화표시제	우리나라의 법정통화인 원화표시로 발행하는 채권	대부분 채권
외화표시제	액면표시를 원화가 아닌 외화로 환산하여 표시하는 채권	삼성전자, 유공, 대우중공업 등 해외전환사채

(4) 모집방법에 따른 분류

사모채와 공모채로 구분하고 있다.

〈표 6-5〉 모집방법에 따른 분류

구 분	내 용	종 류
사모채	특정인과 채권의 인수 및 인도계약을 맺어 발행하는 채권	특수채, 지방채, 회사채 등 일부분
공모채	누구라도 살 수 있는 채권으로 일반투자자를 대상으로 모집하는 채권	대부분 채권

(5) 보증유무에 따른 분류

보증채와 무보증채로 구분하고 있다.

〈표 6-6〉 보증유무에 따른 분류

구 분	내 용	종 류
보증사채	원리금 상환을 금융기관 등 보증기관이 보증하는 사채	정부보증채, 일반보증채
무보증사채	보증기관의 보증 없이 발행되는 사채	무보증회사채, 금융채 등

1.3 합성채권

합성채권에는 전환사채, 신주인수권부사채, 교환사채, 옵션부사채 등이 있다.

(1) 전환사채

전환사채(Convertible Bond : CB)는 발행 당시에는 순수한 회사채의 형태로 발행하지만 일정 기간 후 보유자의 청구에 의해 발행회사의 주식으로 전환될 수 있는 권리가 붙어 있는 사채이다. 전환사채는 사채이면서 주식의 성격도 가지고 있어 실질적으로 주식과 채권의 중간 성격으로 볼 수 있다.

① 전환가격

전환청구기간 동안 발행회사의 주식으로 전환을 청구할 수 있는 가격을 말한다. 상장법인의 경우 기준주가 이상, 비상장법인은 액면가격 이상, 주식공모이후는 공모가격 이상이어야 한다.

② 전환가격의 조정

신주발행으로 기업가치가 희석될 가능성이 있는 경우 전환사채권자의 보호를 위해 전환가격을 조정해야 한다.

- 조정 전 전환가격을 하회하는 발행가격으로 신주를 발행하는 경우
- 무상증자(주식배당 포함)의 경우
- 전환가격을 하회하는 발행가격으로 당해 회사의 주식으로 전환될 수 있는 증권을 발행하는 경우

(2) 신주인수권부사채

신주인수권부사채(Bond with Warrant : BW)는 사채권자에게 일정 기간 경과 후 일정한 가격(행사가격)으로 발행회사의 일정 수의 신주를 인수할 수 있는 권리(신주인수권)가 부여된 사채이다. 사채권이 존속하며 그 사채에 신주인수권이라는 옵션이 부여되어 있고 그 옵션은 정해진 기간 내에 언제든지 사채권자가 행사할 수 있다.

① 신주인수권의 분리여부에 따른 분류

- 분리형 신주인수권부사채 : 신주인수권이 사채권과 별도로 표시되어 있어 분리하여 양도가 가능
- 비분리형 신주인수권부사채 : 신주인수권이 사채권과 병행표기 되어 분리하여 양도가 불가능

② 발행조건

대부분 전환사채와 동일하다. 그러나 신주인수권부사채의 신주인수권 비중이 전환사채보다 대체로 낮으므로 표면금리는 전환사채보다 높아야 할 것이고 보통사채보다는 낮아야 할 것이다.

(3) 교환사채

교환사채(Convertible Bond : CB)는 사채 보유자에게 일정 기간 내 당해 발행회사 소유의 상장주식으로 직접 교환청구를 할 수 있는 권리가 부여된 채권이다. 자금유입이 없이 바로 주식으로 교환할 수 있다는 점

에서 신주인수권부사채와 구분된다.

(4) 옵션부사채

옵션부사채는 발행 시 제시된 일정 조건이 성립되면 만기 전이라도 발행회사가 사채권자에게 매도청구를, 사채권자가 발행회사에 매수청구를 할 수 있는 풋옵션(put option)과 콜옵션(call option)이 부여된 사채를 말한다.

(5) 이익참가부사채와 수익사채

이익참가부사채(participating bond)는 일정한 이자가 지급되는 동시에 회사의 이익분배에도 참가할 수 있는 권리가 부여된 사채이다. 수익사채(income bond)는 특정사업의 수익금으로 원리금을 지급하겠다는 사채이다.

(6) 자산유동화증권

자산유동화증권(Asset Backed Security : ABS)은 금융기관이 보유하고 있는 자산을 표준화하고 특정조건별로 집합하여 이를 바탕으로 증권을 발행하고 기초자산의 현금흐름을 이용하여 증권을 상환하는 방식이다. 자산유동화증권은 수익수취방식과 기초자산에 따라 구분하고 있다.

자산유동화증권은 발행기관의 신용도와 무관하게 자산의 특성과 현금흐름 및 신용보강 절차에 따라 높은 신용도를 지니는 증권의 발행이 가능하다. 따라서 금융기관의 유동성을 제고시키고 조달비용을 낮추는 장점을 지니고 있다.

투자자 입장에서는 높은 수익률로 투자할 수 있다는 장점을 가지고 있다. 유동성에 문제가 있는 일부 금융기관뿐만 아니라 조달구조를 다양화하고 조달비용을 절감하려는 많은 금융기관들이 유동화증권의 발행에 많은 관심을 보이고 있다.

2. 채권의 가격결정

채권가격은 미래 발생하는 현금흐름으로 이자와 원금을 채권수익률로 할인한 현재가치의 합이다. 무위험채권의 경우 매년 말 지급되는 이자와 만기시점에서의 액면금액의 현재합계의 합이 매입시점에서 투자자가 지불하는 채권가격이 된다.

2.1 채권가격

액면이 10,000원인 10년 만기 채권을 발행금리 10%로 발행했다면 채권투자자는 매년 말 1,000원씩의 이자를 받고 10년째 되는 날 10,000원의 원금을 받게 된다.

채권가격은 다음과 같이 계산한다.

$$P_0 = \frac{I}{(1+k)} + \frac{I}{(1+k)^2} + \frac{I}{(1+k)^3} + \cdots\cdots + \frac{I+F}{(1+k)^n}$$

$$= \sum_{t=1}^{n} \frac{I}{(1+k)^t} + \frac{F}{(1+k)^n} \tag{6-1}$$

단, P_0 : 채권의 현재가치

I : 매기의 이자지급액

k : 투자자가 적용하는 할인율

F : 액면가액(만기 시 원금상환액)

n : 잔존만기

여기서 할인율(k)은 자본시장이 균형상태에 있을 경우 동일한 위험을 갖는 모든 증권에 적용되는 시장이자율과 같다.

예제 1 H기업은 액면금액 100만원, 액면금리 10%, 만기 3년인 회사채를 발행하였다. 만약 이 기업의 채권수익률이 10%라면 이 회사채의 현재가치는 얼마인가?

해답 ① H기업의 현재가치를 구해 보자.

$$P_0 = \frac{10}{(1+0.1)} + \frac{10}{(1+0.1)^2} + \frac{10+100}{(1+0.1)^3} = 100(\text{만원})$$

H기업의 현재가치는 100만원이 된다. 채권수익률과 액면금리가 같기 때문에 현재가치가 액면금액과 같게 나타난다.

2.2 채권의 가격정리

채권가격은 주로 발행시점의 채권수익률에 의해 결정된다. 그러나 채권에 내재된 현금흐름, 잔존기간, 액면금리 등에 영향을 받고 있다. 채권가격과 이러한 요소들과의 관계를 정리하여 말킬(Malkiel)은 채권의 가격정리를 발표하였다.

(1) 채권수익률

채권가격은 채권수익률과 역의 방향으로 움직인다. 채권수익률이 상승하면 채권가격은 떨어지고 채권수익률이 하락하면 채권가격은 올라간다. 〈표 6-7〉에서 액면금액이 10,000원이고 액면금리가 10%이며 매년 말 이자를 지급하는 회사채가 있다고 하자. 만기가 일정할 때 채권수익률이 높아지면 채권가격은 낮아지고, 채권수익률이 낮아지면 채권가격이 높아진다.

〈표 6-7〉 채권수익률 변화에 따른 채권가격의 변화(10%, 발행금리)

잔존기간	6%	8%	10%	12%	14%
1	10,337.4	10,184.9	10,000	9,821.9	9,649.2
3	11,069.0	10,515.1	10,000	9,519.8	9,071.6
5	11,685.4	10,798.7	10,000	9,278.8	8,627.1
7	12,233.4	11,044.4	10,000	9,086.8	8,284.3
10	12,944.1	11,342.1	10,000	8,870.2	7,913.1

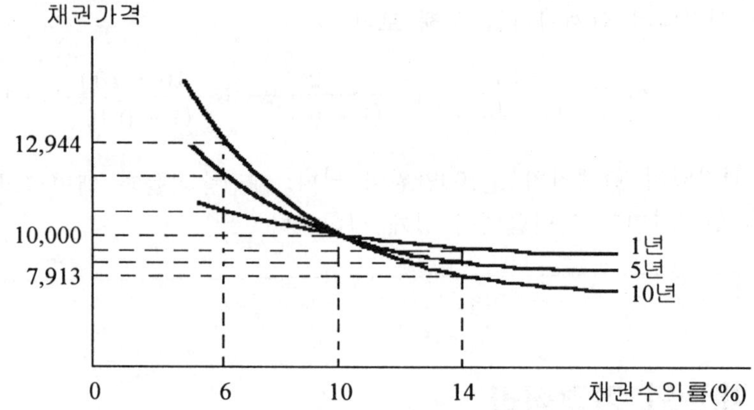

[그림 6-1] 만기에 따른 채권수익률과 채권가격

채권수익률 변화에 따라 채권가격 변동폭은 잔존기간이 길어지면 증가하지만 체감적으로 증가한다. 채권가격 변동률도 잔존기간이 길수록 체감적으로 증가한다. 만기가 일정할 때 수익률 하락으로 인한 가격 상승폭이 수익률 상승으로 인한 가격 하락폭보다 더 크게 나타난다.

(2) 잔존기간

채권수익률이 변동할 때 채권가격 변동폭은 만기가 길어질수록 커진다. 10년 만기 장기채권의 가격변동률이 1, 3년 단기채권에 비해 더 크다. 수익률 하락 시 장기채권에 대한 투자를 증가시켜 시세차익을 극대화시키는 투자전략이 필요하다.

(3) 액면금리

잔존기간이 일정할 때 채권가격의 변동률은 액면금리가 높을수록 적어지고 낮을수록 커진다. 액면금리가 낮은 채권일수록 가격변동률이 커지고 높을수록 변동률이 적어진다. 이자지급 주기가 짧아질수록 채권가격의 변동률은 적어진다. 투자전략에서 액면금리가 낮은 채권일수록 높은 차익을 얻는데 유리하다는 것을 보여준다.

〈표 6-8〉 채권가격과 만기, 액면금리, 채권수익률의 관계

만기	액면금리	채권수익률 15%일 때 채권가격	채권수익률 10%		채권수익률 20%	
			채권가격	가격변동률	채권가격	가격변동률
3년	0%	6,428	7,435	+15.7%	5,568	-13.4%
	10%	8,809	10,000	+13.5%	7,784	-11.6%
	20%	11,190	12,564	+12.3%	10,000	-10.6%
5년	0%	4,788	6,102	+27.4%	3,768	-21.3%
	10%	8,262	10,000	+21.0%	6,884	-16.7%
	20%	11,737	13,897	+18.4%	10,000	-14.8%

(주) 3개월 후급 이표채 기준

3. 이자율의 기간구조

실전투자에서 장기채권의 만기수익률이 단기채권의 만기수익률보다 낮을 수 있고 높을 수도 있다. 어느 일정시점에서 다른 조건은 모두 동일한데 잔존기간이 다른 경우 채권수익률은 달라진다. 잔존기간과 채권수익률과의 관계를 채권수익률의 기간구조 또는 이자율의 기간구조라 부르는데 주로 수익률곡선으로 표시한다.

수익률곡선은 잔존기간의 차이에 따라 변하는 채권수익률의 변동을 곡선으로 나타낸 것이다. 수익률곡선은 항상 우상향 형태를 보이는 것이 아니다. 일반적으로 경기가 침체기일 때나 완만하게 회복되는 시기에 우상향곡선이 될 수 있고 경기가 회복되거나 인플레이션 시기에 우하향곡선으로 나타날 수 있다.

이자율의 기간구조를 설명하는 이론으로 불편기대가설, 유동성 프리미엄 이론, 시장분할가설 등이 있다.

3.1 불편기대이론

불편기대이론(unbiased expectation hypothesis)은 장기채권의 수익률이 현재의 단기이자율과 미래에 기대되는 단기이자율의 기하평균에 의해 결정된다는 이론이다. 피셔(Fisher)에 의해 제기되어 러츠(Lutz)에 의해 개발되었다. 수익률곡선의 형태는 미래의 단기이자율에 대한 투자자들의 기대를 반영한다고 보고 있다.

n년 만기의 장기채권수익률 R_n은 다음과 같다.

$$(1+R_n)_n = \{1+E(r_1)\}\{1+E(r_2)\} \cdots\cdots \{1+E(r_n)\}$$

여기서 R_n : n년의 장기채권수익률

$E(r_1), E(r_2), E(r_3) \cdots\cdots E(r_n)$: 각 연도별 예상되는 단기채권수익률

불편기대이론의 수익률곡선은 미래의 단기이자율에 대한 투자자의 기대에 의해 결정된다는 것이다. 예를 들어 현재의 이자율 수준이 낮아 모든 투자자들이 미래의 단기이자율이 상승하리라 예상한다면 수익률곡선은 우상향할 것이고, 반대로 현재의 이자율이 높아 미래의 단기이자율이 하락하리라 예상한다면 수익률곡선은 우하향할 것이다.

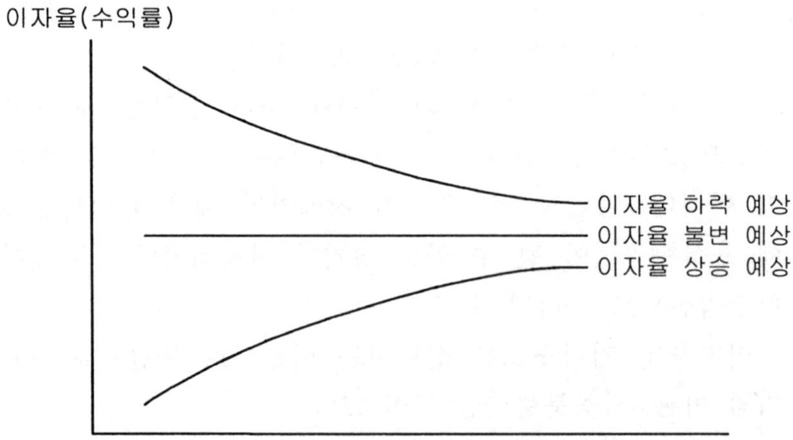

[그림 6-2] 불편기대이론에 의한 수익률곡선

예제 2 단기채권수익률이 다음과 같다고 가정할 경우 불편기대이론에 의해 1년, 2년, 3년 만기 채권수익률을 각각 계산하고 수익률곡선 형태를 구하시오.

$$E(r_1) = 8\%, \quad E(r_2) = 9\%, \quad E(r_3) = 10\%$$

해답 ① 1년만기 채권수익률 $({}_0r_1) = 8.0\%$

② 2년만기 채권수익률 $({}_0r_2) = 8.5\%$

$$(1 + {}_0r_2) = [(1 + 0.08)(1 + 0.09)]^{\frac{1}{2}}$$

③ 3년만기 채권수익률 $({}_0r_3) = 9.0\%$

$$(1 + {}_0r_3) = [(1 + 0.08)(1 + 0.09)(1 + 0.10)]^{\frac{1}{3}}$$

④ 따라서 수익률 곡선은 우상향 형태

3.2 유동성 프리미엄 이론

불편기대이론은 모든 투자자가 미래의 이자율을 예측할 수 있다고 가정하고 있으며 위험에 대한 투자자의 선호를 무시하는 단점을 가지고 있다. 일반적으로 장기채권은 단기채권에 비해 위험이 크며 유동성이 낮다고 볼 수 있다.

모든 투자자는 기본적으로 유동성을 선호하므로 장기채권 보유에 따른 유동성 저하를 줄이기 위해 위험보상을 요구하는데 이를 유동성 프리미엄(liquidity premium theory)이라 부른다.

힉스(Hicks)에 의해 제시된 이론으로 유동성 선호이론 또는 기대위험회피이론이라 한다. 이자율 변화는 단기채권보다 장기채권가격에 더 큰 영향을 미치기 때문에 장기채권에는 유동성 프리미엄이 존재한다고 주장하였다.

장기채권 수익률은 기대현물 이자율에 유동성 프리미엄을 가산한 값의 기하평균과 같다. 따라서 매 기간 유동성 프리미엄은 만기까지의 기간이 길어질수록 체감적으로 증가한다.

n년 만기 장기채권수익률 R_n은 다음과 같다.

$$(1+R_n)^n = \{1+E(r_1)+L_1\}\{1+E(r_2)+L_2\} \cdots\cdots \{1+E(r_n)+L_n\}$$

여기서, $L_1, L_2, L_3, \cdots\cdots, L_n$: 매 기간 유동성 프리미엄

(단, $L_1 < L_2 < L_3 \cdots\cdots < L_n$)

유동성 프리미엄 $L_1, L_2, L_3, \cdots\cdots, L_n$은 현시점에서 멀어질수록 위험이 증가하면서 체감적으로 증가한다. 미래 단기금리가 일정할 것으로 예상되어도 수익률곡선은 유동성 프리미엄의 영향으로 인해 우상향 모습을 보인다.

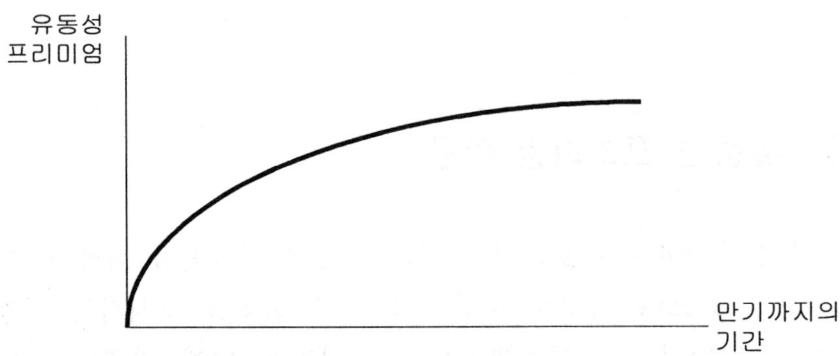

[그림 6-3] 만기에 따른 유동성 프리미엄

3.3 시장분할이론

시장분할이론(market segment theory)은 단기채권과 장기채권의 수익률이 각각 분할된 시장에서 독립적인 수요와 공급에 의해 결정된다는 이론이다. 자금의 만기에 따라 단기 · 중기 · 장기 채권시장 등으로 세분하고 있다.

불편기대가설과 유동성 프리미엄이론에서는 장기채권과 단기채권 사

이에 체계적인 관계를 전제로 하고 있다. 그러나 시장분할이론에서는 투자자들의 만기에 대한 선호에 따라 몇 개의 하위시장으로 세분되어 각각의 시장에서 독립적으로 채권수익률이 결정되고 있다.

채권시장의 투자자들은 개인, 은행, 증권사, 보험회사 또는 연기금 등과 같이 여러 이질적인 투자자 집단으로 구성되어 있다. 단기부채가 많은 은행 등 금융기관들은 단기채권을 선호하고, 장기부채가 많은 보험사와 연기금 등은 장기채권을 더 선호하고 있다.

따라서 각 하위시장에 적합한 수익률곡선을 갖고 있으며 채권에 대한 수요와 공급에 따라 단기채권의 수익률이 장기채권의 수익률보다 높을 수도 있고 낮을 수도 있다.

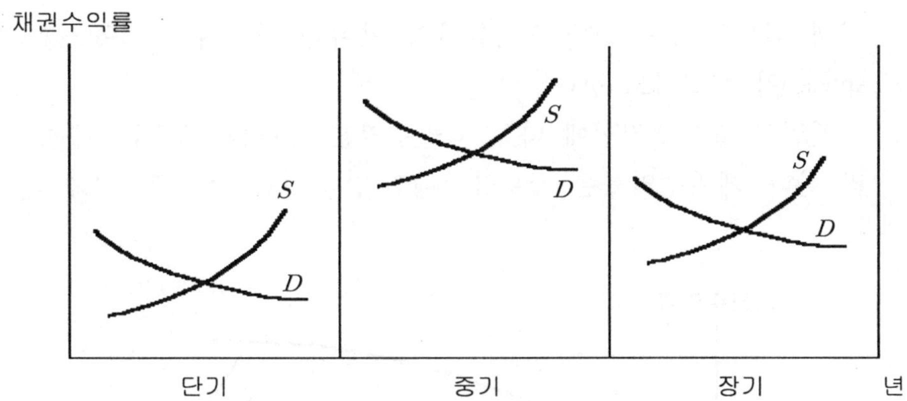

[그림 6-4] 시장분할이론에 의한 수익률곡선

4. 수익률의 위험구조

채권투자로 인해 접할 수 있는 위험에는 채무불이행위험과 수의상환위험 등이 있다.

4.1 채무불이행위험

채권은 이자와 원금이 발행 당시에 결정되어 있는 확정수익채권이다. 그러나 이자와 원금이 계약대로 지급되지 못할 수 있으므로 채권도 위험을 갖게 된다. 이러한 위험을 채무불이행위험(default risk)이라 한다.

채무불이행위험 때문에 채권발행 당시의 약정수익률과 실현수익률 사이에 괴리가 생기게 된다. 약정수익률(promised yield)은 발행 당시 약속한 수익률이고, 실현수익률(realized yield)은 이자 및 원금 등이 지급되어 실현될 수익률이다. 약정수익률은 실행수익률의 최고 한도가 된다.

발행기업은 투자자에게 채무불이행위험 등을 보상해 주기 위해 위험프리미엄을 제공해 주고 있다. 위험프리미엄은 무위험수익률과 채권불이행 위험을 갖는 채권수익률과의 차이를 말하며 수익률스프레드(yield spread)라 부르기도 한다.

채권의 불이행위험에 따른 채권수익률 변화를 채권수익률의 위험구조라 한다. 채권수익률은 채무불이행위험이 커질수록 증가하게 된다.

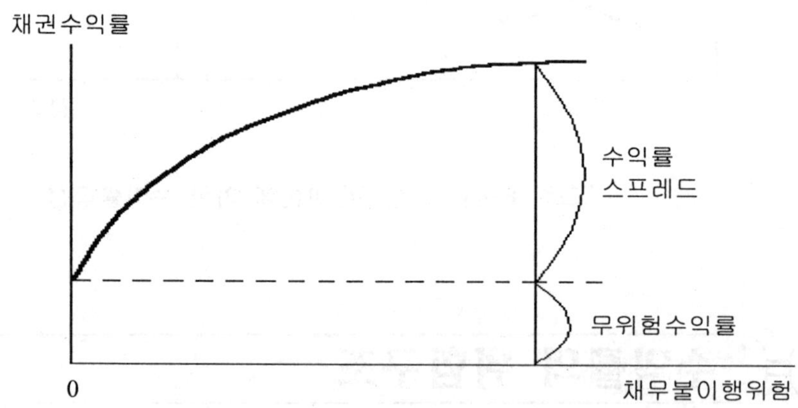

[그림 6-5] 채무불이행위험과 채권수익률

4.2 수의상환위험

채권의 종류에 따라 발행자는 만기 이전에 시장가격 또는 일정한 가격으로 채권을 매입하여 소각할 수 있는 권리를 계약에 명시할 수 있다. 따라서 수의상환위험(callable risk)은 채권 발행자가 만기 이전에 채권을 매입하여 소각할 때 나타나는 위험이다.

채권 발행자가 수의상환권을 행사하는 이유는 이자율 변동에 대응하기 위한 전략이다. 이자율 하락이 예상되는 시기에 발행자는 이미 발행된 채권을 매입하여 소각하는 한편 보다 낮은 수익률로 새로운 종류의 채권을 발행하여 기업의 이자비용을 감소할 수 있다.

따라서 수위상환권은 발행자에게 유리하지만 투자자 입장에서는 새로운 종류의 채권을 다시 매입함으로써 당초의 수익률을 달성할 수 없기 때문에 투자손실이 발생하게 되어 불리할 수 있다.

채권의 수의상환 가능성이 있는 경우에는 [그림 6-6]을 보듯이 가능성이 없는 경우와 비교해서 보다 큰 위험을 갖게 된다. 따라서 수의상환 가능성이 있는 채권의 가격은 일반적으로 낮게 형성되는 것이다.

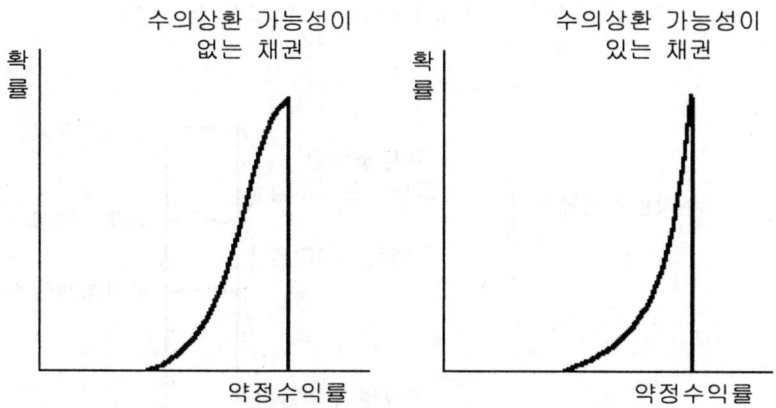

[그림 6-6] 수의상환위험

4.3 수익률스프레드

채권의 수익률스프레드(yield spread)는 무위험수익률과 채무불이행의 위험이 있는 채권수익률과의 차이를 말한다.

수익률스프레드 = 약정수익률 − 무위험수익률

채권의 경우 국공채와 회사채의 수익률 사이에는 차이가 있다. 회사채 중에도 발행기관의 위험 정도에 따라 수익률 차이가 있다. 위험이 높은 채권의 경우 높은 위험에 대한 대가로 추가적인 수익을 요구하게 된다.

수익률스프레드를 구성하는 총위험 프리미엄은 채무불이행의 가능성에 대한 채무불이행 위험프리미엄과 불확실한 미래에 대한 위험프리미엄으로 구성되어 있다.

채무불이행 위험프리미엄은 약정수익률과 기대수익률과의 차이이고, 위험프리미엄은 위험에 대한 대가로 기대수익률과 무위험수익률과의 차이를 의미한다.

총위험 프리미엄 = 채무불이행 위험프리미엄 + 위험프리미엄
채무불이행 위험프리미엄 = 약정수익률 − 기대수익률
위험프리미엄 = 기대수익률 − 무위험수익률

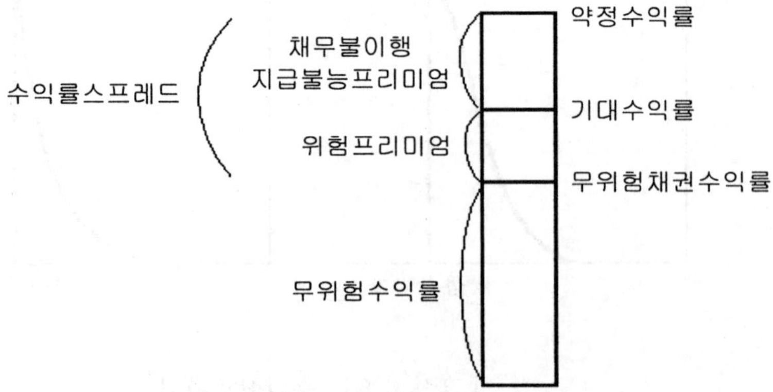

[그림 6-7] 수익률스프레드

연습문제

1. 채권의 특징과 장점에 대해 설명하시오.

2. 채권을 발행주체 및 보증유무, 이자지급 등에 따라 분류하여 설명하시오.

3. 전환사채 및 신주인수권부사채의 특징에 대해 설명하시오.

4. 자산유동화증권(ABS)의 특징 및 장점에 대해 설명하시오.

5. 채권가격에 영향을 주는 요인들에 대해 설명하시오.

6. 수익률곡선의 특징과 종류에 대해 아는 바를 설명하시오.

7. 이자율의 기간구조를 설명하는 불편기대가설, 유동성 프리미엄 이론, 시장분할가설에 대해 설명하시오.

8. 채무불이행위험과 채권수익률의 관계에 대해 설명하시오.

9. 수의상환위험을 발행자와 투자자 입장에서 설명하시오.

10. 수익률스프레드와 위험프리미엄에 대해 설명하시오.

제7장

채권투자전략

1. 채권의 이자율위험
2. 듀레이션
3. 소극적 투자전략
4. 적극적 투자전략

이자율위험을 가격위험과 재투자위험으로 나누어 살펴보고 듀레이션에 의한 가격변화와 특성에 대해 살펴보고자 한다. 또한 채권투자전략은 소극적 투자전략과 적극적 투자전략으로 구분하여 살펴보고자 한다.

1. 채권의 이자율위험

이자율위험은 이자율 변화에 따라 채권가격이 변하는 위험으로 채권가격과 이자율 사이에는 역의 관계가 존재한다. 이자율이 상승하면 채권가격은 하락하고 이자율이 하락하면 채권가격은 상승한다.

이자율위험은 가격위험(price risk)과 재투자위험(reinvestment risk)으로 나눌 수 있다. 가격위험은 만기 이전에 이자율 변화로 인해 채권가격이 변하는 위험을 말한다. 재투자위험은 매입시점과 다른 이자율로 재투자하여 재투자수익이 변하는 위험을 말한다.

이자율 변화로 인해 가격위험과 재투자위험은 서로 상충관계에 있다. 이자율이 상승(하락)하면 채권가격은 하락(상승)하고 재투자수익은 상승(하락)한다. 이자율 변화는 가격위험과 재투자위험에 영향을 주어 채권투자의 예상수익률을 변하게 한다.

채권은 만기 시 원금이 상환되고 이자가 정기적으로 지급되므로 대략적인 미래의 현금흐름을 예상할 수 있다. 이자율 변화에 따른 가격변화는 다음과 같은 규칙이 있다.

첫째, 만기가 긴 채권일수록 이자율 변화에 더 많은 영향을 받는다. 장기채권은 단기채권에 비해 가격변화가 더 크다.

둘째, 만기가 같은 경우에는 액면금리가 낮을수록 이자율 변화에 더 민감하다. 액면금리가 낮은 채권이 높은 채권보다 가격변화가 더 크게 나타난다.

2. 듀 레 이 션

2.1 듀레이션의 의의

듀레이션(duration)은 채권의 금리변동 위험측정 수단으로 이자와 원금의 현가로 산출된 가중평균만기이다. 듀레이션은 투자에서 회수까지 기간을 회수비율에 따라 가중평균하여 계산하며 공식은 다음과 같다.

$$D = \sum_{t=1}^{T} t \times \frac{\dfrac{CF_t}{(1+k)^t}}{P_0} \qquad (7\text{-}1)$$

여기서, D : 듀레이션, t : 만기까지의 기간, T : 만기까지 기간수

P_0 : 채권가격, $CF_t/(1+k)^t$: t기간의 현금흐름 현가

예제 1 듀레이션 계산

채권 A는 만기수익률 10%, 만기 3년, 액면가 10,000원, 액면금리 8%, 1년마다 이자를 지급한다고 할 때 이 채권의 가격과 듀레이션을 구해 보자.

해답 이자지급은 1년에 800원씩 총 3회에 걸쳐 이루어지며 할인율은 연 10%이다.

① 기간 t	② 액면금리, 원금 CF_t	③ 할인계수 $1/(1+k)^t$	④=②×③ 현가 $CF_t/(1+k)^t$	⑤ 가중치 $[CF_t/(1+k)^t]/P_0$	⑥ ①×⑤ ⑤×t
1	800원	0.9091	727.3원	0.0765	0.0765
2	800원	0.8265	661.1원	0.0696	0.1392
3	10,800원	0.7513	8,114.0원	0.8539	2.5616
			9,502.4원	1.0000	2.7773

채권가격 : 9,502.4원

듀레이션 : 2.7773년

채권 A의 경우 1년 후 매입비용의 7.65%를, 2년 후 6.96%를, 3년 후 85.39%를 받게 된다. 채권 A의 듀레이션이 2.7773년으로 만기 3년보다 짧은 이유는 만기 이전에 일정한 이자가 지급되기 때문이다.

2.2 듀레이션에 의한 가격변화

이자율 변화가 채권가격에 어느 정도 영향을 주는지 측정하는 지표로 이자율 탄력성이 있다. 멕클레이는 듀레이션 개념을 이용하여 채권가격의 이자율 탄력성을 측정하였다. 먼저 채권의 현재가격을 살펴보도록 하자.

$$P_0 = \frac{C}{(1+k)} + \frac{C}{(1+k)^2} + \cdots\cdots + \frac{C+F}{(1+k)^n} \tag{7-2}$$

이자율 탄력성을 구하기 위해 P_0를 k로 1차미분하여 정리한다.

$$\frac{\Delta P_0}{P_0} = -D \times \frac{\Delta r}{(1+k)} \tag{7-3}$$

채권가격의 변화율은 이자율 변화에 듀레이션을 곱한 값으로 나타난다. 이자율이 변할 때 듀레이션이 클수록 채권가격의 변화가 크게 나타난다.

예제 2 앞의 <예제 7-1>에서 액면금리가 10%에서 12%로 오를 경우 채권가격이 얼마나 내려가는지 계산해 보자.

해답 이자율 탄력성을 구하기 위해 다음 공식을 이용해 보자.

$$\frac{\Delta P_0}{P_0} = -D \times \frac{\Delta r}{(1+k)}$$

액면금리가 10%에서 12%로 오르면 이자율 인상률은

$$\frac{\Delta r}{1+k} = \frac{0.02}{1+0.10} = 0.01818$$

∴ 1.818%이다.

할인율이 12%일 때 채권가격은

$$\sum_{t=1}^{3} \frac{800}{(1+k)^t} + \frac{10,000}{(1+k)^3} = 9,039(\text{원})$$

이다.

$$\text{가격변화율} = \frac{9,039 - 9,502}{9,502} = \frac{-463}{9,502} = -0.04874$$

∴ 약 −5%이다.

이자율 변화가 1.818%이면 채권가격은 약 5% 낮아진다.

2.3 듀레이션의 특성

듀레이션은 만기, 채권수익률 및 액면금리의 크기에 의해 종합적으로 결정되며 다음과 같은 특성을 갖고 있다.

① 무이표채의 듀레이션은 만기와 동일하다.

무이표채는 이자와 원금이 만기일에 유입되고 그 이전에는 이자지급이 없기 때문이다. 반면 만기가 같은 이표채의 듀레이션은 무이표채의 듀레이션보다 짧다.

② 만기가 일정하면 액면금리가 낮을수록 듀레이션이 길어진다.

액면금리가 높으면 투자한 채권가격이 실질적으로 빨리 회수되기 때문이다.

③ 액면금리가 일정하면 만기가 길수록 듀레이션이 길어진다.

무이표채의 듀레이션은 항상 만기와 동일하다. 이표채의 듀레이션은 만기가 1년이 증가할 때마다 1년보다 짧게 늘어난다. 이표채의 경우 액면금리가 낮은 채권일수록 듀레이션이 길어진다.

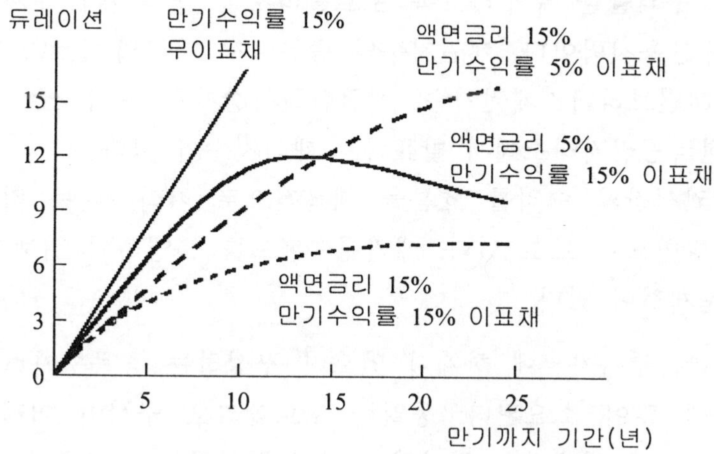

[그림 7-1] 만기와 듀레이션과의 관계

④ **영구채권의 듀레이션은 $(1+r)/r$ 이다.**

이자율이 10%인 영구채권의 듀레이션은 $(1+0.1)/0.1=11$년이다.

3. 소극적 투자전략

소극적 투자전략은 미래의 예측 불가능한 이자율변동위험에만 대응하여 투자위험을 최소화하는 전략이다. 채권지수펀드전략과 면역전략으로 구분하고 있다. 은행 등은 이자율변동으로부터 순자산가치를 보호하기 위해, 연기금 등은 일정 기간 후 원하는 투자목표에 달성하기 위해 소극적 투자전략을 이용한다.

3.1 채권지수펀드전략

채권지수펀드전략(bond index fund strategy)은 채권지수의 수익률과 동일한 수익률을 추구하도록 포트폴리오를 구성하여 투자위험을 줄이기 위한 운용전략이다. 채권지수의 종류로서 미국의 살로먼브라더스채권지수, 레먼브라더스채권지수, 메릴린치시장지수 등이 있다. 우리나라에서는 한국증권거래소에서 발표하는 채권지수가 있다.

채권시장의 수익률 흐름을 맹목적으로 따라간다는 점에서 소극적인 투자방법으로 보고 있다. 채권지수펀드를 운영하기 위해서는 다음과 같은 문제점이 있다.

첫째, 투자자금에 한계가 있으며 구성하는 종목수가 너무 많아 관리비용이 많이 소요된다. 동일한 포트폴리오 구성이 어려우며 장외에서 상대매매로 거래가 이루어지고 있어 현실적인 어려움이 많다.

둘째, 구성하는 종목수가 많아질수록 총위험은 줄어들지만 새로운 채권들을 꾸준히 포트폴리오에 편입해야 하기 때문에 종목교체의 어려움이 있다.

셋째, 포트폴리오 내에서 수시로 발생하는 이자수입의 관리에 어려움이 있다. 이자수입이 신속하게 재투자되지 못할 경우 수익률 관리에 어려움이 생긴다.

3.2 면역전략

면역전략(immunization strategy)에는 순자산가치 면역전략과 목표기간 면역전략이 있다. 순자산가치 면역전략은 은행 등에서 이자율변화에 따라 자산수익률과 부채금리와의 차이를 최소화하려는 전략이다. 목표기간 면역전략은 연기금 등에서 미래 지급액의 가치를 보호하려는 전략이다.

(1) 순자산가치 면역전략

이자율위험을 줄이고 순자산가치를 일정하게 유지할 목적으로 자산과 부채의 듀레이션을 일치시키는 전략이다. 은행의 경우 자산은 주로 장기대출이고 부채는 단기예금이어서 이자율상승은 단기예금보다 장기대출에 더 큰 영향을 주게 되어 순자산가치가 감소하게 된다.

자산과 부채의 만기차이를 극복하려는 자산-부채관리(ALM) 기법의 하나가 순자산가치 면역전략이다. 은행은 부채와 자산의 규모가 거의 비슷하므로 평균만기 기간을 같게 하면 이자율 변화가 순자산가치에 영향을 주지 않게 된다. 따라서 포트폴리오의 평균상환기간이 0이 되면 순자산가치의 면역이 가능하게 한다.

(2) 목표기간 면역전략

부채의 듀레이션과 같은 듀레이션의 채권에 투자하여 목표기간을 같게 하고 이자율위험을 최소화하는 전략이다. 포트폴리오의 평균상환기간은 구성하고 있는 개별채권 평균상환기간의 가중평균과 일치한다.

연기금이나 보험회사 등은 현재 자산보다 미래 특정시점의 의무지급액을 확보해야 한다. 연기금은 미래 특정시점의 기금가치가 이자율 변화로 인해 영향을 받지 않아야 하고, 보험회사는 미래 확정금액을 지급하기 위해 지급시기와 일치하는 듀레이션을 갖는 자산과 부채를 구성하여 이자율위험을 줄여야 한다.

① 이자율변동 시 나타나는 효과

- 이자율 상승 ⇒ 자본손실 & 이자의 재투자수익 증가
- 이자율 하락 ⇒ 자본이득 & 이자의 재투자수익 감소

② 가격효과와 재투자효과의 관계

- '듀레이션 = 투자기간'일 경우
  이자율변동으로 가격효과와 이자의 재투자효과가 완전히 일치
- '듀레이션 < 투자기간'일 경우
  이자율변동으로 가격변동보다 이자의 재투자수익의 변동이 크다.
- '듀레이션 > 투자기간'일 경우
  이자율변동으로 가격변동이 이자의 재투자수익의 변동보다 크다.

〈표 7-1〉 투자기간과 듀레이션 차이에 따른 이자율변동

구 분	듀레이션 < 투자기간	듀레이션 > 투자기간	듀레이션 = 투자기간
이자율 상승 시	재투자수익 증가 > 가격하락손실 ⇒ RY > PY	재투자수익 증가 < 가격하락손실 ⇒ RY < PY	재투자수익 증가 = 가격하락손실 ⇒ RY = PY
이자율 하락 시	재투자수익 감소 > 가격상승이익 ⇒ RY < PY	재투자수익 감소 < 가격상승이익 ⇒ RY > PY	재투자수익 감소 = 가격상승이익 ⇒ RY = PY
비 고	재투자수익효과 > 가격효과	재투자수익효과 < 가격효과	재투자수익효과 = 가격효과

RY : 실현수익률, PY : 약속수익률

(3) 면역전략의 한계점

듀레이션을 이용한 면역전략에는 다음과 같은 한계점이 있다.

첫째, 포트폴리오의 평균상환기간은 이자율 변화에 따라 항상 변하고 있다. 평균상환기간이 변하는 경우 부채의 평균상환기간과 일치하도록 계속 포트폴리오를 재구성해야 한다.

둘째, 장기채권과 단기채권의 수익률이 같은 크기로 변하는 것으로 가정하지만 수익률곡선이 수평으로 나타나는 경우는 현실적으로 매우 어렵다.

셋째, 모든 채권이 채무불이행이나 수의상환위험이 없는 것으로 가정하지만 만일 이런 위험이 존재할 경우 완전한 면역전략이 성립되지 못한다.

3.3 현금흐름일치 전략

예정된 현금지출과 정확히 일치하는 같은 금액의 무이표채를 매입하면 현금흐름이 일치한다. 이를 현금흐름일치전략(cashflow matching strategy)이라 부르며 채권의 현금흐름과 부채가 정확히 상쇄되기 때문에 이자율 변화로 인해 면역이 자동적으로 이루어진다.

단 한 번에 최소 규모의 자금으로 이자율위험을 제거할 수 있다는 장점이 있다. 한 번 현금흐름이 일치하면 이자율 변화와 상관없이 포트폴리오의 현금흐름은 채무를 상환하는 데 필요한 현금을 제공할 수 있다.

3.4 만기보유전략

채권을 만기까지 보유함으로써 투자시점에서 미리 수익을 확정짓는 방법을 만기보유전략(buy and hold strategy)이라 한다. 미래에 대한 예측이 필요 없으며 채권의 채무변제불이행위험을 줄이기 위해 신용분석만 필요하므로 안정성이 높은 투자전략이다. 그러나 금리가 하락하는 경우 채권을 저가에 매입할 수 있는 기회를 포기하게 되므로 소극적인 투자전략이라 할 수 있다.

3.5 사다리형 만기전략

채권별 보유량을 각 만기별로 동일하게 유지하여 시세변동의 위험을 평준화시키고 수익성도 적절히 확보하려는 전략이다. 보유채권이 매년 일정 수준 만기가 되어 상환되므로 유동성을 확보할 수 있고 다시 장기채권에 투자함으로써 일정 수익률을 기대할 수 있다.

4. 적극적 투자전략

채권시장이 완전한 효율적 시장이 아니라는 가정하에 저평가되어 있는 채권을 특정시점에서 매입하려는 투자전략을 말한다. 대표적으로 목표투자기간분석, 수익률곡선타기, 수익률곡선전략, 채권스왑, 조건부면역 등이 있다.

4.1 목표투자기간분석

목표투자기간분석(horizon analysis)은 이자율을 예측하여 높은 수익률을 올리려는 투자전략이다. 이자율을 예측하여 목표투자기간보다 긴 채권을 저가에 매입하고 투자기간이 끝날 때에 고가로 매도하여 매매차익을 올리고 동시에 이자수익을 올리는 매매전략이다.

이자율을 여러 채권에 적용하여 가장 높은 수익률이 예상되는 채권을 선택하여 투자하는 전략이다. 이 전략은 기본적으로 이자율 예측이 정확해야 하며 목표투자기간보다 만기가 긴 채권을 선택하여 수익률을 분석해야 한다.

4.2 수익률곡선타기

수익률곡선타기(riding yield curve)는 만기가 짧은 채권을 대상으로 우상향하는 수익률곡선을 이용하여 만기에 가까울수록 수익률이 급락하는 채권을 매매하면서 수익을 극대화시키는 전략이다.

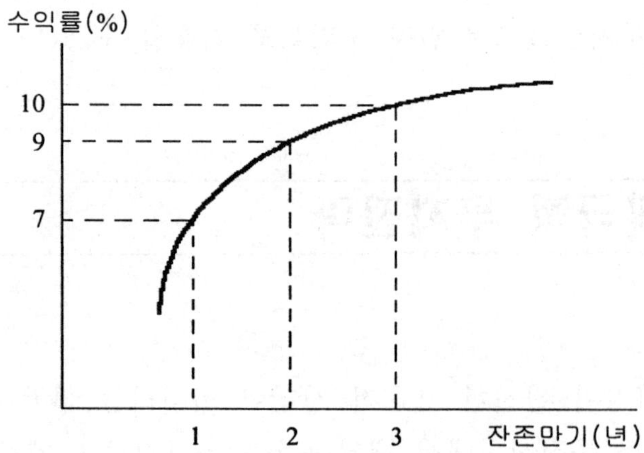

[그림 7-2] 수익률곡선타기

수익률이 높은 단기채권을 매입하면서 높은 이자수입을 얻을 수 있고 동시에 만기에 가까워질수록 수익률이 하락하면서 보유채권의 가격상승 효과도 얻을 수 있다.

이때 만기에 가까워질수록 수익률이 하락하면서 가격이 상승하는 효과를 롤링효과(rolling effect)라 한다. 또한 만기에 가까워지면서 나타나는 극단적인 수익률 하락현상을 수익률곡선 상의 숄더효과(shoulder effect)라 부른다. 단기채 수익률이 장기채보다 낮을 때만 가능한 전략이다.

우상향하는 수익률곡선에서는 채권의 잔존기간이 줄어들수록 수익률이 급속히 낮아지고 동시에 채권가격은 급속히 올라간다.

잔존기간이 줄어들면서 수익률곡선의 기울기가 더 경사질수록 매매차익은 더 커지게 된다. 수익률곡선타기는 정확한 이자율 예측이 요구된다.

4.3 수익률곡선전략

바벨형(Barbell) 채권운용은 단기채권과 장기채권만 보유하고 중기채권은 보유하지 않는 전략이다. 중기이자율만 상승한다면 바벨형 포트폴리오를 구성하는 것이 유리하다. 투자자의 유동성 확보 정도에 따라 단기채의 편입 비율이 결정된다.

중기채 중심으로 채권포트폴리오를 구성하는 전략도 있다. 장기와 단기이자율은 상승하고 중기이자율만 하락한다면 불릿형(Bullet) 포트폴리오를 구성하는 것이 유리하다.

4.4 채권스왑

채권스왑(swap)은 채권을 적극적으로 교환하여 더 높은 투자수익을 올리는 데 목적이 있다. 고평가된 채권을 매도하고 저평가된 채권을 매입하면서 교환하는 것이다. 여러 형태의 스왑이 있다.

(1) 대체스왑

현재 보유채권과 유사한 채권이 순간적으로 발행금리, 만기, 신용수준 등에서 상이한 가격으로 거래될 수 있다. 일시적으로 이상현상이 발생하면서 수요와 공급 사이에 불균형현상이 나타나는 경우이다. 이때 고평가 채권을 매도하고 저평가 채권을 매입하면서 차익을 얻을 수 있다.

(2) 시장 간 스프레드스왑

발행금리, 만기, 신용수준 등 서로 상이한 두 채권 사이에 일시적으로 이상현상이 발생하는 경우 유리한 채권으로 교환하는 전략을 말한다. 이종채권과의 스왑으로 부르기도 한다.

국채와 회사채 사이에 수익률차이가 너무 크게 나타나 조만간 줄어들 것으로 예상한다면 고평가된 국채를 매각하고 저평가된 회사채를 매입할 것이다. 또한 무보증사채와 보증사채 사이에 수익률차이가 크게 나타나 조만간 줄어들 것으로 예상한다면 보증사채를 매각하고 무보증사채를 매입할 것이다.

(3) 이자율예상 스왑

이자율예상 스왑은 서로 만기가 다른 채권 간 스왑으로 이자율 예측에 기초하여 투자전략을 수립하는 것이다. 향후 이자율 하락이 예상되면 만기가 긴 장기채권을 매입하고, 이자율 상승이 예상되면 만기가 짧은 단기채권에 투자한다.

(4) 순수한 수익률획득 스왑

이 스왑은 매매차익을 높이기 위한 스왑이 아니라 수익률 극대화를 위해 만기수익률이 높은 채권을 보유하는 전략이다. 이를 위해 투자자들은 이자율위험을 감수해야 한다.

(5) 세금스왑

채권투자로 인한 소득에는 세금이 부과되므로 투자자들은 세금을 공제한 세후투자수익률을 높여야 한다. 세금스왑은 투자자별 소득세율을 고려하여 과세채권과 비과세채권, 이표채와 무이표채를 선별하여 투자하는 것이다. 소득이 많은 투자자의 경우 과세채권을 매도하고 비과세채권을 매입하는 것이 유리이다.

4.5 조건부면역

조건부면역(contingent immunization)은 적극적 투자전략과 소극적 투자전략을 혼합한 투자전략이다. 향후 수익률 호전이 예상되면 적극적 투자전략을 시도하고, 수익률 하락이 예상되면 소극적 투자전략을 시도하는 것이다. 즉 최소허용 수익률 이상에서는 적극적 투자전략을 시도하다가 근접하게 되면 소극적 투자전략으로 전환하는 전략이다.

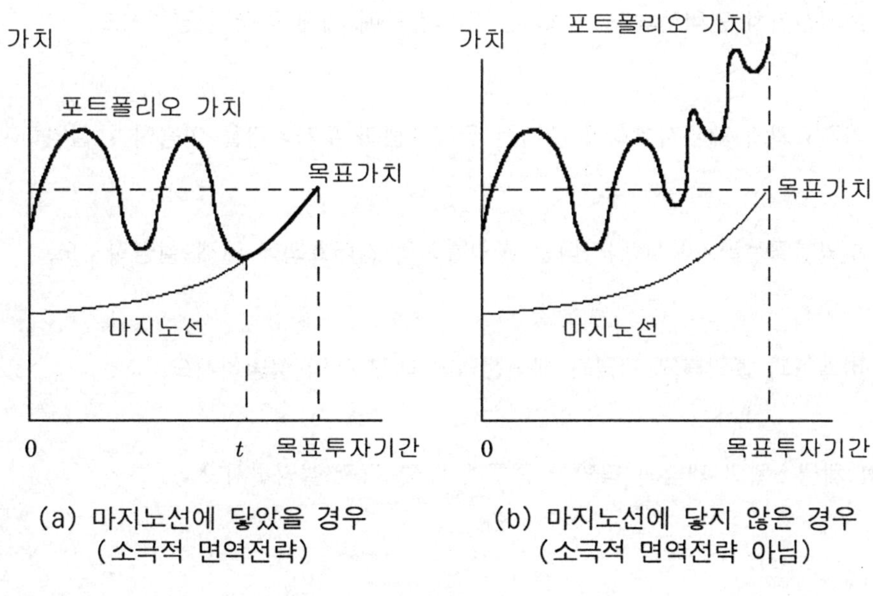

[그림 7-3] 조건부면역

연습문제

1. 이자율위험에서 채권가격과 이자율 사이의 관계에 대해 설명하시오.

2. 듀레이션의 의의와 듀레이션에 의한 가격변화에 대해 설명하시오.

3. 만기, 채권수익률 및 액면금리에 의한 듀레이션의 특성에 대해 설명하시오.

4. 소극적 투자전략과 적극적 투자전략의 개념과 차이점에 대해 설명하시오.

5. 채권지수펀드전략의 의미와 문제점에 대해 설명하시오.

6. 순자산가치 면역전략과 목표기간 면역전략에 대해 각각 설명하시오.

7. 가격효과와 재투자효과의 관계를 듀레이션과 투자기간을 이용하여 설명하시오.

8. 수익률곡선타기에서 나타나는 롤링효과와 숄더효과에 대해 설명하시오.

9. 바벨형과 불릿형의 개념과 매매전략에 대해 각각 설명하시오.

10. 채권스왑의 개념과 다양한 종류에 대해 각각 설명하시오.

제8장

포트폴리오 이론

1. 수익률과 위험
2. 효율적 분산투자

수익률과 위험프리미엄의 개념 그리고 수익률을 측정하고 위험을 측정하는 방법에 대해 살펴보고자 한다. 효율적 분산투자에서는 포트폴리오 의의와 체계적 위험과 비체계적 위험 그리고 효율적 투자기회선에 대해 살펴보고자 한다.

1. 수익률과 위험

투자자들은 높은 수익률을 기대하고 있으나 수익률과 위험은 서로 상충관계에 있다. 높은 수익률을 원하는 만큼 많은 위험이 상존하고 있다. 이제부터 수익률과 위험의 관계에 대해 살펴보고자 한다.

1.1 수익률과 위험프리미엄

(1) 수익률

수익률(return)은 어느 일정 기간 어떤 자산에 투자했을 때 투자자금이 얼마나 증가했는지를 의미하고 있다. 수익률은 주어진 기간 동안의 투자수익률을 의미하고 보유기간수익률이라 부르기도 한다.

투자수익은 다음과 같은 두 가지 요소로 구성되어 있다.

① 투자자산을 보유하는 동안 발생하는 현금흐름으로 소득수익이라 한다.

② 투자자산의 가격 변화에 따라 이익이나 손실이 산출되는 경우로 자본이득 또는 자본손실이라 한다.

$$\text{수익률} = \text{배당소득 수익률} + \text{시세차익 수익률}$$

$$= \frac{D_{t+1}}{P_t} + \frac{P_{t+1} - P_t}{P_t} \tag{8-1}$$

여기서, D_{t+1} : $t+1$기에 지급될 배당

P_t : t기의 주가

P_{t+1} : $t+1$기의 주가

주식투자로 인한 소득수익은 배당소득으로, 자본이득은 시세차익으로 나타낸다. 수익률은 배당소득과 시세차익의 수익률 합으로 표현한다.

(2) 위험프리미엄

위험은 미래에 발생할 수 있는 손실을 의미한다. 투자위험이 크면 투자손실의 가능성이 증가하므로 현명한 투자가는 위험을 회피하려 한다. 그러나 위험을 선택하는 경우 이에 상응하는 보상을 요구하는데 이를 위험프리미엄(risk premium)이라 부른다.

예를 들어 위험자산인 삼성전자의 수익률이 15%이고 무위험자산인 국공채의 수익률이 5%라 하자. 두 수익률 차이 10%는 삼성전자가 갖고 있는 위험에 대한 보상이라 하고 위험프리미엄이라 부른다.

1.2 기대수익률과 위험의 측정

투자를 위해 미래를 예측하는 일은 매우 중요한 일이다. 미래는 불확실하게 다가오고 있으므로 투자로 인한 미래의 수익률과 위험을 정확하게 예측하기는 매우 어려울 것이다.

리스나 임대사업 등은 미래 수익률을 어느 정도 예측할 수 있다. 그러나 주식투자나 이자율 등의 위험은 정확한 예측이 어려우므로 미래 발생할 상황에 대해 일정한 확률을 제시하면서 투자에 대한 의사결정을 내리고 있다. 투자의 성과여부는 기대수익률과 위험의 상관관계에 의해 결정된다.

(1) 기대수익률 측정

기대수익률(expected return)은 투자에 대한 보상으로 어느 자산에 대한 투자를 수없이 반복함으로써 얻게 되는 평균 보유기간수익률이다. 투자에 대한 의사결정은 현재의 투자금액과 미래의 기대수익률을 함께 고려해야 한다. 현재의 투자금액은 정확히 알 수 있지만 미래의 기대수익률은 정확히 예측하기 어렵다.

미래의 기대수익률은 미래 경기상황을 여러 개로 예측하고 각 경기상황에 따라 발생 가능한 수익률을 예측하는데 이때 확률분포표를 사용한다. 기대수익률의 공식은 다음과 같다.

$$E(R) = \sum_i p_i \cdot r_i \qquad (8\text{-}2)$$

여기서, $E(R)$: 기대수익률

p_i : i 상황이 일어날 확률

r_i : i 상황에서 발생 가능한 수익률

(2) 위험의 측정

자산의 위험을 측정하기 위해 분산(variance)과 표준편차(standard deviation)를 사용한다. 분산은 평균값에서 실제값이 얼마나 떨어져 있는지 측정하기 위해 평균값과 실제값 사이의 거리를 제곱한 값들의 기대값으로 표시한다.

분산이 클수록 실제값이 평균에서 더욱 멀리 떨어져 있음을 나타내며 수익률 분포가 더 넓게 분포되어 있음을 나타낸다. 분산은 퍼센트(%)의 제곱으로 나타낸다. 표준편차는 위험의 척도를 기대수익률과 같은 퍼센트로 나타내기 위해 분산을 제곱근하여 구한다.

위험은 분산 또는 표준편차로 나타내며 공식은 다음과 같다.

$$\text{분산} = \sigma^2 = \sum_i [r_i - E(R)]^2 \cdot P_i \qquad (8\text{-}3)$$

$$\text{표준편차} = \sigma = \sqrt{\sigma^2} \qquad (8\text{-}4)$$

여기서, $E(R)$: 기대수익률

p_i : i 상황이 일어날 확률

r_i : i 상황에서 발생 가능한 수익률

예제 1 다음은 A주식과 B주식에 대한 확률분포표이다. 두 주식의 분산과 표준편차를 구하시오.

경기상황	확률	각 상황의 수익률	
		A주식	B주식
불경기	⅓	−15%	20%
보통경기	⅓	20%	0%
호경기	⅓	40%	10%

해답 ① A주식과 B주식의 기대수익률은

$$E(R_A) = ⅓ \times (-15\%) + ⅓ \times 20\% + ⅓ \times 40\% = 15\%$$
$$E(R_B) = ⅓ \times 20\% + ⅓ \times 0\% + ⅓ \times 10\% = 10\%$$

② 다음과 같은 표의 양식을 만들어 보자.

ⓐ 경기상황 (i)	ⓑ 경기상황의 확률(P_i)	ⓒ 수익률 (r_i)	ⓓ $r_i - E(R)$	ⓔ $[r_i - E \cdot (R)]^2$	ⓕ ⓑ × ⓔ
주식 A					
불경기	⅓	−0.15	−0.15−0.15=−0.30	$(-0.30)^2$=0.09	0.03
보통경기	⅓	0.20	0.20−0.15=0.05	$(0.05)^2$=0.0025	0.0008
호경기	⅓	0.40	0.40−0.15=0.25	$(0.25)^2$=0.0625	0.0208
					$\sigma_A^2 = 0.0516$
주식 B					
불경기	⅓	0.20	0.20−0.10=0.10	$(0.10)^2$=0.01	0.0033
보통경기	⅓	0.00	0.00−0.10=−0.10	$(-0.10)^2$=0.01	0.0033
호경기	⅓	0.10	0.10−0.10=−0.00	$(-0.00)^2$=0.00	0.0000
					$\sigma_B^2 = 0.0066$

따라서 두 주식의 표준편차는 다음과 같다.

$$\sigma_A = \sqrt{0.0516} = 0.227$$
$$\sigma_B = \sqrt{0.0166} = 0.081$$

앞서 보여준 [예제 1]의 결과를 요약하면 다음과 같다.

	주식 A	주식 B
기대수익률$(E(R))$	15%	10%
위　험(σ^2)	0.0516	0.0066
표준편차(σ)	22.7%	8.10%

주식 A는 주식 B에 비해 높은 수익률을 기대할 수 있으나 높은 위험$(\sigma_A > \sigma_B)$을 가지고 있다. 주식 B는 주식 A에 비해 수익률은 낮지만

위험이 낮게 나타났다. 또한 주식 A는 $15 \pm 22.7\%$로 $-7.7 \sim 37.7\%$의 수익률을 얻을 수 있으며 주식 B는 $10 \pm 8.1\%$로 $1.9 \sim 18.1\%$의 수익률을 얻을 수 있다. 둘 중에서 어느 쪽이 더 바람직한 투자인지는 개인적인 선호도에 달려 있다.

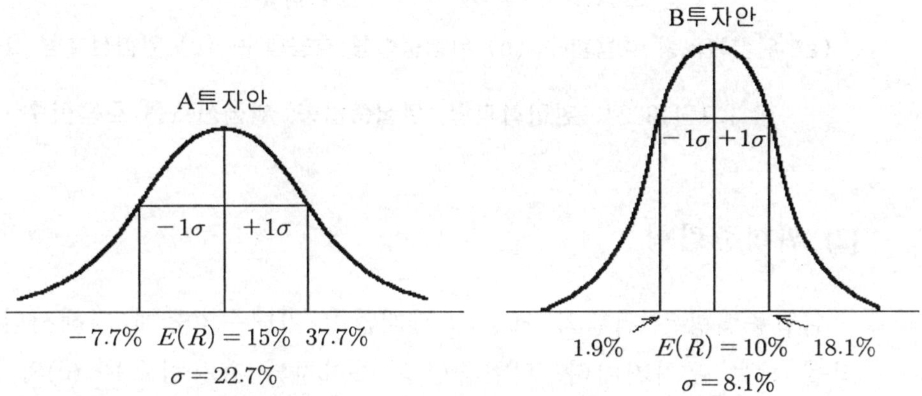

[그림 8-1] 두 투자안의 위험비교

1.3 위험회피와 효용함수

투자자는 다양한 기대수익률과 위험을 가진 포트폴리오에 대해 선호도의 순서를 정하는데 효용(utility) 크기에 따라 최종선택을 하게 된다. 투자자는 위험에 대해 위험회피형, 위험중립형, 위험선택형으로 구분하고 있다. 위험회피형을 합리적인 투자자라 부른다.

(1) 위험회피형

위험회피형은 주어진 조건이 동일하다면 가능한 적은 위험을 선호하고, 위험을 감수할 때는 반드시 보상을 요구하는 투자자이다. 위험회피형 투자자의 효용함수는 (a)와 같이 원점에 대해 오목한 형태로 부의 증가에 따라 효용은 체감적으로 증가하는 형태이다. 위험을 부담할 때 반드시 보상을 요구하므로 위험프리미엄이 항상 양(+)의 값을 갖는다.

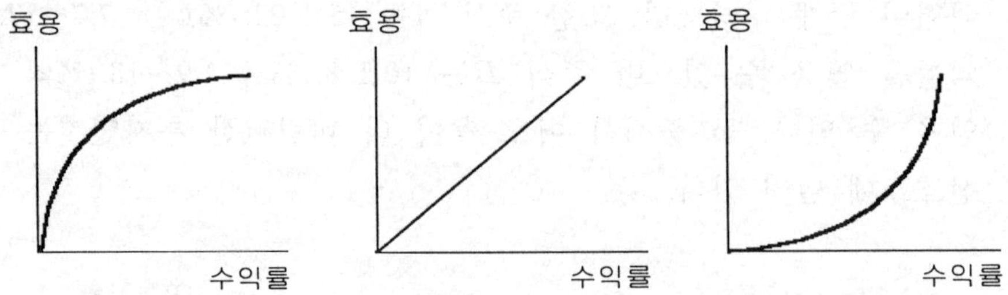

(a) 위험회피형 효용함수 (b) 위험중립형 효용함수 (c) 위험선호형 효용함수

[그림 8-2] 위험회피형, 위험중립형, 위험선호형 효용함수

(2) 위험중립형

위험중립형은 위험의 크기와 관계없이 기대수익률에 의해서만 의사결정을 하는 투자자이다. 위험중립형 투자자의 효용함수는 (b)와 같이 부의 증가에 대해 일정하게 증가하는 직선의 형태이다. 위험을 부담하더라도 그에 대한 보상을 요구하지 않기 때문에 위험프리미엄은 항상 0의 값을 갖는다.

(3) 위험선호형

위험선호형은 주어진 조건이 동일하다면 위험이 큰 투자를 선호하려는 투자자이다. 위험선호형 투자자의 효용함수는 (c)와 같이 원점에 대해 볼록한 형태로 부의 증가에 따라 효용이 체증적으로 증가하는 형태이다. 대가를 지불하면서까지 위험을 부담하고자 하는 투자자이므로 위험프리미엄이 항상 음(−)의 값을 갖는다.

(4) 효용함수

모든 투자자는 효용이 큰 투자를 선호하고 있다. 효용함수는 기대수익률과 위험, 효용, 투자자의 위험회피정도를 나타낼 때 사용하는 이차함수형 공식으로 다음과 같이 나타낸다.

$$U = E(r) - 0.005A\sigma^2 \quad (8\text{-}5)$$

여기서, U : 효용

$E(r)$: 포트폴리오 기대수익률

A : 위험회피 정도

σ^2 : 포트폴리오 분산

효용함수에서 A는 투자자의 위험회피 정도를 나타내며 수치가 클수록 위험회피 정도가 크다고 본다. 또한 기대수익률과 표준편차를 백분율(%)로 표시하기 위해 0.005를 곱해 주고 있다. 효용함수에 대한 설명은 다음과 같다.

첫째, 기대수익률이 클수록 효용은 커진다.

둘째, 분산이 작을수록 효용은 커진다.

셋째, 기대수익률과 분산이 같아도 위험회피 정도가 크면 효용은 작아진다.

넷째, 위험회피형일수록 위험회피 정도가 커지므로 효용은 작아진다.

2. 효율적 분산투자

2.1 포트폴리오의 기대수익률과 위험

대다수 투자자들은 적은 위험에 높은 수익률 그리고 확실한 결과를 선호하고 있다. 포트폴리오 이론은 투자자들에게 가장 적은 위험에 원하는 수익률을 얻을 수 있도록 자산결합의 구성을 알려주고 있다. 투자자들은 실전에서 하나의 자산이 아니라 두 개 이상의 자산에 분산투자를 시도하고 있다.

(1) 포트폴리오의 기대수익률

최적 포트폴리오를 구성하기 위해 먼저 두 개의 위험자산으로 구성된 포트폴리오를 살펴보고 이후 다수의 자산으로 확대하기로 한다. 두 개의 위험자산으로 구성된 포트폴리오의 기대수익률 공식은 다음과 같다.

$$E(r_p) = w_1 E(r_1) + w_2 E(r_2) \tag{8-6}$$

여기서, $E(r_p)$: 포트폴리오의 기대수익률

w_1, w_2 : 자산 1, 자산 2의 투자비중

$E(r_1)$: 자산 1의 기대수익률

$E(r_2)$: 자산 2의 기대수익률

두 개의 위험자산을 결합한 포트폴리오의 기대수익률은 각 개별자산의 기대수익률을 투자비중에 따라 가중평균한 것이다. 다음은 n개의 자산으로 포트폴리오를 구성한 기대수익률 공식이다.

$$E(r_p) = \sum_{i=1}^{n} w_i \cdot E(r_i)$$

$$\sum_{i=1}^{n} w_i = 1, \quad 0 \le w_i \le 1 \tag{8-7}$$

여기서, $E(r_p)$: 포트폴리오의 기대수익률

w_i : 자산 i의 투자비중

$E(r_i)$: 자산 i의 기대수익률

예제 2 M기업은 3개의 주식에 분산투자하고 있다. 자금을 1/3로 나누어 각 주식에 투자한다면 향후 포트폴리오의 기대수익률은 얼마나 될까?

경기상황	확률	각 주식의 수익률		
		A주식	B주식	C주식
불경기	30%	5%	10%	3%
보통경기	20%	10%	8%	10%
호경기	50%	25%	20%	30%

해답 ① A, B, C 주식의 기대수익률을 구한다.

$$E(r_A) = 0.3 \times 0.05 + 0.2 \times 0.10 + 0.5 \times 0.25 = 0.16 \quad \therefore 16.0\%$$
$$E(r_B) = 0.3 \times 0.10 + 0.2 \times 0.08 + 0.5 \times 0.20 = 0.146 \quad \therefore 14.6\%$$
$$E(r_C) = 0.3 \times 0.03 + 0.2 \times 0.10 + 0.5 \times 0.30 = 0.179 \quad \therefore 17.9\%$$

② 포트폴리오의 기대수익률을 구한다.

$$E(r_p) = (1/3) \times 16.0\% + (1/3) \times 14.6\% + (1/3) \times 17.9\% = 16.17\%$$

---

(2) 포트폴리오의 위험

포트폴리오의 분산을 측정하는 경우에는 각 자산의 분산을 단순히 가중평균하는 것이 아니라 두 자산 간 상관관계(correlation)도 함께 고려해야 한다. 자산들의 수익률 간 상관계수의 크기에 따라 포트폴리오 위험이 크게 변하게 되고 가장 작은 위험을 가진 자산보다 더 작은 위험의 포트폴리오를 만들 수도 있다.

① 공분산과 상관계수

$$\text{분산} = {\sigma_p}^2 = {w_1}^2{\sigma_1}^2 + {w_2}^2{\sigma_2}^2 + 2w_1w_2\beta_{12}\sigma_1\sigma_2 \tag{8-8}$$

여기서 ${\sigma_p}^2$: 포트폴리오 위험(분산)

β_{12} : 자산 1과 자산 2 사이의 상관계수

상관계수는 경제환경의 변화에 따라 두 자산의 수익률이 변동하는 상호관계를 나타낸다. 또한 포트폴리오 위험을 측정하기도 하고 포트폴리오 효과를 이해하는 데 사용하기도 한다.

공분산은 각 개별자산의 분산들이 서로 겹쳐지는 정도를 나타낸다. 두 자산의 수익률이 같은 방향으로 움직이면 양(+)의 값을 가지며 두 자산의 수익률은 유사하게 나타난다. 반대방향으로 움직이면 음(−)의 값을 갖게 되어 두 자산의 수익률은 서로 상이하게 움직인다.

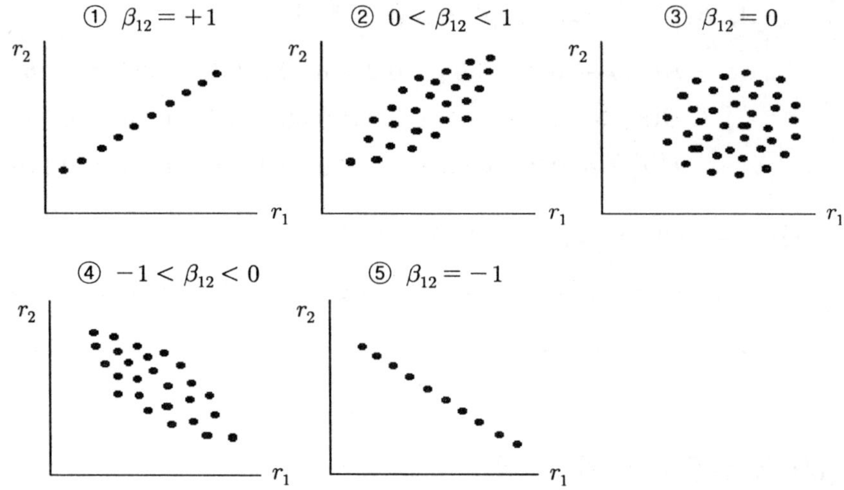

[그림 8-3] 두 변수 간의 상관관계

두 자산의 수익률 간 관계를 측정하는 척도로 상관계수와 공분산(covariance)이 있다. 자산들의 수익률 간 상관관계를 수치적으로 파악하기 위해 상관계수와 공분산을 측정하고 있다. 공분산은 두 자산 간 수익률이 함께 변동하는 정도를 수치화한 것으로 공식은 다음과 같다.

$$\begin{aligned}\sigma_{xy} &= \mathrm{Cov}(r_1, r_2) = \sum[r_{1i} - E(r_1)][r_{2i} - E(r_2)] \cdot P_i \\ &= E[r_1 - E(r_1) r_2 - E(r_2)] \qquad (8\text{-}9)\end{aligned}$$

여기서, $\mathrm{Cov}(r_1, r_2)$: 자산 1, 자산 2 사이의 공분산

r_{1i}, r_{2i} : 자산 1, 자산 2의 예상수익률

$E(r_1), E(r_2)$: 자산 1, 자산 2의 기대수익률

P_i : r_{1i}, r_{2i} 가 동시에 일어날 확률

공분산이나 상관계수 모두 두 자산의 수익률 방향을 측정하는 척도로 사용한다. 상관계수는 표준화된 값을 가지고 있어 두 자산의 수익률 간 상관관계의 정도를 정확하게 표시할 수 있다. 그러나 공분산은 측정단위에 따라 결과가 다양한 크기로 나타난다.

상관계수(β)는 두 자산의 수익률 간 상관관계를 정확히 나타내 주는

수치로 공분산을 각 변수의 표준편차의 곱으로 나누어 계산한다. 두 자산 간 상관계수는 −1과 +1 사이의 값을 가지며 공식은 다음과 같다.

$$\beta_{12} = \frac{\mathrm{Cov}(r_1, r_2)}{\sigma_1\sigma_2} \tag{8-10}$$

② 상관계수의 크기와 포트폴리오 위험

ⓐ $\beta_{12} = 1$인 경우 : 완벽한 '정'의 상관관계

$$\sigma_p{}^2 = w_1{}^2\sigma_1{}^2 + w_2{}^2\sigma_2{}^2 + 2w_1w_2\sigma_1\sigma_2 = (w_1\sigma_1 + w_2\sigma_2)^2$$
$$\Rightarrow \sigma_p = w_1\sigma_1 + w_2\sigma_2 \tag{8-11}$$

분산투자를 하더라도 투자위험은 줄어들지 않으며 포트폴리오 결합선은 직선의 형태가 된다.

ⓑ $\beta_{12} = -1$인 경우 : 완벽한 '부'의 상관관계

$$\sigma_p{}^2 = w_1{}^2\sigma_1{}^2 + w_2{}^2\sigma_2{}^2 - 2w_1w_2\sigma_1\sigma_2 = (w_1\sigma_1 - w_2\sigma_2)^2$$
$$\Rightarrow \sigma_p = |w_1\sigma_1 - w_2\sigma_2| \tag{8-12}$$

분산효과가 극대화되어 포트폴리오 결합선은 꺾은선 모양이 된다. 각 자산의 투자비중을 적절히 조정하면 포트폴리오 위험을 0으로 만들 수도 있다.

ⓒ $-1 < \beta_{12} < 1$인 경우 : 현실적으로 가능한 경우

만일 $\beta_{12} = 0$이라면

$$\sigma_p^2 = w_1{}^2\sigma_1{}^2 + w_2{}^2\sigma_2{}^2$$
$$\Rightarrow \sigma_p = (w_1{}^2\sigma_1{}^2 + w_2{}^2\sigma_2{}^2)^{\frac{1}{2}} \tag{8-13}$$

포트폴리오 결합선은 포물선으로 된다. 개별자산의 상관관계가 $\beta_{12} = 1$인 경우만 제외하고 분산투자를 통해 투자위험을 줄일 수 있다. 분산효과는 상관관계가 낮을수록 크게 나타나 −1에 가까울수록 더욱 커진다.

[그림 8-4]에서 상관계수가 −1과 1 사이의 값을 가지므로 두 주식으로 구성된 포트폴리오는 삼각형 내에 위치하게 된다. 그러나 대다수 주식들은 GDP, 이자율, 환율 등의 위험에 동일한 영향을 받으므로 개별주식 수익률 간 상관계수는 0과 1 사이의 값을 갖고 있다. 따라서 두 주식으로 구성된 포트폴리오는 곡선으로 나타나며 점선으로 표시된다.

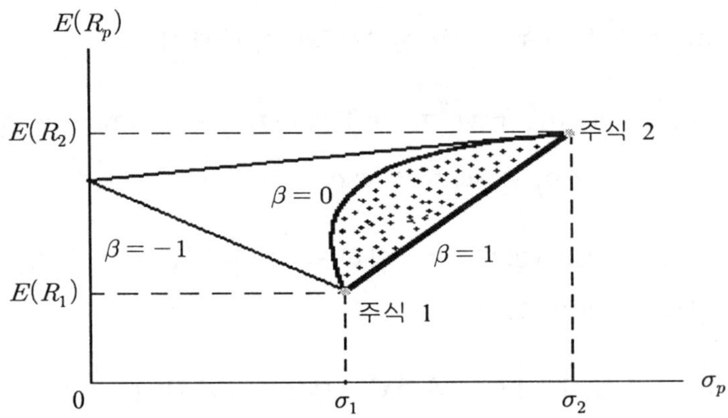

[그림 8-4] 포트폴리오의 기대수익률과 위험의 상관관계

2.2 포트폴리오 의의

대다수 투자자들은 개별자산보다 두 개 이상의 자산에 포트폴리오를 구성하여 투자하고 있다. 개별자산의 위험과 포트폴리오의 위험 사이에 많은 차이가 있어 투자자들은 포트폴리오를 구성하여 위험감소효과를 얻고자 한다.

(1) 포트폴리오 효과

포트폴리오(portfolio)는 두 개 이상의 자산결합을 의미한다. 투자자들은 위험을 줄이기 위해 투자자금을 국민은행, 삼성전자, POSCO, 종근당 등 여러 종목에 분산투자하고 있다.

예를 들어 국민은행 한 종목에만 투자했다고 가정해 보자. 이 경우 국민은행에는 두 가지의 위험이 영향을 미칠 수 있다. 첫째, 통화량, 이자율, 물가, GDP, 환율 등과 같은 시장전반에 영향을 미칠 수 있는 시장위험(market risk)이 있다. 둘째, 경영스타일, 투자손실, 영업손실, 환차손, 부실채권 등과 같은 국민은행만의 기업고유위험(firm-specific risk)이 있을 수 있다.

이번에는 국민은행과 종근당을 반반씩 투자하는 포트폴리오를 가정해 보자. 이 경우 기업고유위험이 서로 상쇄하여 포트폴리오의 위험감소효과가 나타날 것으로 보인다. 예를 들어 유행병이 출몰하게 되면 생산 및 투자위축으로 국민은행 주가는 하락할 수도 있지만 치료제를 생산하는 종근당 주가는 상승할 가능성이 높아 보인다. 따라서 포트폴리오 구성으로 안정된 수익률을 기대할 수 있다.

포트폴리오에 새로운 종목이 추가될 경우 기업고유위험이 노출되면서 위험감소효과가 크게 나타날 수 있다. 그러나 다양한 종목으로 구성된 포트폴리오라 하여도 기업고유위험은 제거될 수 있으나 시장위험은 제거될 수 없다.

(2) 분산투자의 원칙

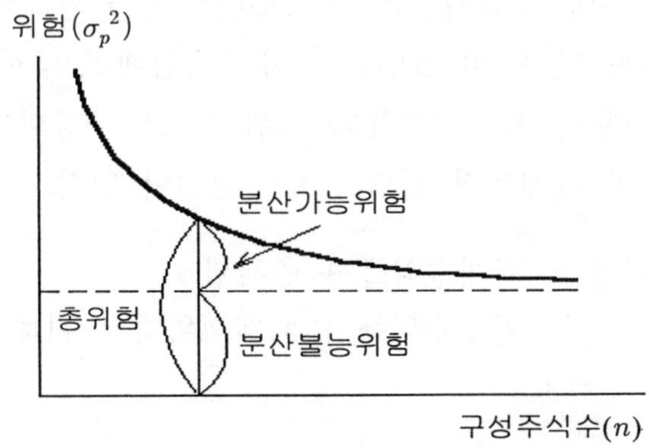

[그림 8-5] 포트폴리오 분산투자효과

[그림 8-5]에서 세로축은 분산으로 위험(σ_p^2)을 나타내고 가로축은 포트폴리오를 구성하는 종목수(n)를 나타내고 있다. 두 개 이상의 종목에 분산투자하면 기업고유위험을 줄일 수 있는데 이를 분산가능위험(diversifiable risk)이라 한다. 또한 분산투자로 인해 제거할 수 없는 시장위험이 있는데 이를 분산불능위험(non-diversifiable risk)이라 부른다.

2.3 체계적 위험과 비체계적 위험

어떤 자산의 총위험은 시장 전체의 수익률에 영향을 미치는 부분과 특정자산이나 개별종목에 영향을 미치는 부분으로 구분하고 있다. 총위험 중에서 시장전체에 영향을 미치는 부분을 체계적 위험(systematic risk)이라 부르고, 개별기업고유위험에 영향을 미치는 부분을 비체계적 위험(nonsystematic risk)이라 부른다.

분산투자하더라도 감소하지 않는 분산불능위험을 체계적 위험이라 하는데 전쟁, 지진, 태풍, 전염병 또는 이자율, 물가, 환율, 통화량변동 등이 있다. 이 요인들은 시장 내에 속해 있는 모든 자산에 동일한 영향을 미친다.

반면 분산투자함으로써 감소할 수 있는 분산가능위험을 비체계적 위험이라 하는데 개별기업의 구조조정이나 원자재가, 화재, 투자손익, 특허신청 등이 있다. 이 요인들은 개별기업에만 영향을 미친다.

실제수익률은 기대수익률과 총위험으로 구성되어 있으며 총위험은 체계적 위험과 비체계적 위험으로 구성되어 있다.

실제수익률 = 기대수익률 + 총위험
= 기대수익률 + 체계적위험 + 비체계적위험

2.4 체계적 위험과 베타계수

자산에 대한 총위험에는 체계적 위험과 비체계적 위험이 있다. 체계적 위험은 분산투자로 제거될 수 없지만 비체계적 위험은 분산투자로 제거될 수 있는 위험이다. 위험을 감수하는 경우에만 보상이 주어지므로 위험을 감수하는 것에 대한 보상은 오직 체계적 위험에만 달려 있다.

비체계적 위험은 어떠한 비용의 투입 없이 제거될 수 있기 때문에 이것을 감수하는 것에 대한 보상은 없다. 따라서 자산의 실제수익률을 결정하는 것은 오직 체계적 위험뿐이다.

체계적 위험은 베타계수(β)를 사용하여 측정하는데 투자에 앞서 측정할 필요가 있다. 베타는 시장평균에 비해 특정자산의 체계적 위험이 얼마나 되는지를 파악하는 것으로 베타가 클 경우에는 큰 체계적 위험을 갖고 있어 보다 큰 기대수익을 예상할 수 있다.

포트폴리오의 베타는 다음과 같은 공식으로 계산한다.

$$\beta_p = \sum_{i=1}^{n} w_i \beta_i \tag{8-14}$$

여기서, β_p : 포트폴리오 베타계수

w_i : 자산 i의 투자비중

β_i : 자산 i의 베타계수

예제 3 다음과 같은 포트폴리오를 구성하고자 한다.

주식	투자액(만원)	기대수익률	베타
A	1,000	5%	0.6
B	2,000	10%	0.8
C	3,000	15%	1.1
D	4,000	20%	1.4

이 포트폴리오의 기대수익률은? 베타값은? 이 포트폴리오의 체계적 위험은 평균자산과 비교해서 더 높은가 낮은가?

해답 ① 답을 구하기 위해 각 자산의 투자비율을 구한다.

$A = 0.1, \quad B = 0.2, \quad C = 0.3, \quad D = 0.4$

② 기대수익률을 구한다.

$$E(R_p) = 0.1 \times E(R_A) + 0.2 \times E(R_B) + 0.3 \times E(R_C) + 0.4 \times E(R_D)$$

$$= 0.1 \times 5\% + 0.2 \times 10\% + 0.3 \times 15\% + 0.4 \times 20\%$$
$$= 15\%$$

③ 베타값을 구한다.

$$\beta_p = 0.1 \times \beta_A + 0.2 \times \beta_B + 0.3 \times \beta_C + 0.4 \times \beta_D$$
$$= 0.1 \times 0.6 + 0.2 \times 0.8 + 0.3 \times 1.1 + 0.4 \times 1.4$$
$$= 1.11$$

④ 이 포트폴리오는 기대수익률이 15%, 베타값이 1.11이다. 베타값이 1보다 크므로 이 포트폴리오는 평균자산보다 더 큰 체계적 위험을 갖고 있다(평균자산의 베타는 1이다).

2.5 효율적 투자기회선

(1) N개의 위험자산으로 구성된 포트폴리오

분산투자로 인한 위험감소효과는 더 많은 수의 자산을 결합하는 경우에 더 크게 나타날 수 있다. 세 가지 자산을 결합한 포트폴리오의 기대수익률과 분산은 다음과 같다.

$$E(R_P) = \sum_{i=1}^{3} w_i E(R_i)$$

$$\sigma_P^2 = w_1^2\sigma_1^2 + w_2^2\sigma_2^2 + w_3^2\sigma_3^2 + 2w_1w_2\sigma_{12} + 2w_2w_3\sigma_{23} + 2w_3w_1\sigma_{31}$$
$$= \sum_{i=1}^{3} w_i^2\sigma_i^2 + \sum_{i=1}^{3}\sum_{j=1}^{3} w_i w_j \sigma_{ij}$$

이번에는 N개 자산으로 구성된 포트폴리오의 기대수익률과 위험을 구해 보자.

$$E(R_P) = \sum_{i=1}^{N} w_i E(R_i)$$

$$\sigma_P^2 = \sum_{i=1}^{N} w_i^2\sigma_i^2 + \sum_{i=1}^{N}\sum_{j=1}^{N} w_i w_j \sigma_{ij}$$

(2) 효율적 포트폴리오와 효율적 투자기회선

① 효율적 포트폴리오

기대수익률이 동일한 포트폴리오들 중에서 분산(또는 표준편차)이 가장 작거나 분산(또는 표준편차)이 동일한 포트폴리오 중에서 기대수익률이 가장 높은 포트폴리오를 효율적 포트폴리오(efficient portfolio)라고 부른다.

투자자들은 기대수익률을 원하는 수준에 맞추고 포트폴리오의 분산을 최소화하도록 개별자산의 투자비율을 결정하고자 할 것이다. 이 경우는 다음과 같이 표현할 수 있다.

$$\text{minimize} \quad \sigma_P^{\,2} = \sum_{i=1}^{n} w_i^{\,2} \sigma_i^{\,2} + \sum_{i=1}^{n}\sum_{j=1}^{n} w_i w_j \sigma_{ij}$$

$$\text{subject to} \quad \sum_{i=1}^{n} w_i E(R_i) = E(R_P)^* \quad \text{단, } E(R_P)^* = \text{상수}$$

$$\sum_{i=1}^{n} w_i = 1$$

② 효율적 투자기회선

투자자들은 투자의 효율성을 얻기 위하여 평균분산의 지배원리에 의해 행동하게 된다. 완전공분산모형은 동일한 기대수익률에서 최소의 분산을 갖는 효율적 포트폴리오를 구하는 방법이다.

투자기회집단 중에서 분산(위험)이 가장 작은 포트폴리오를 MVP (Minimum Variance Portfolio)라 할 때, 최소분산 포트폴리오들 중에서 MVP 위쪽에 있는 효율적 포트폴리오 집합을 효율적 투자기회선 (efficient frontier) 혹은 마코위츠 프론티어(Markowitz frontier)라 한다.

이 선상의 모든 포트폴리오들은 동일한 기대수익률을 가진 포트폴리오들 중에서 최소의 분산을 가지며, 동일한 분산을 가진 포트폴리오들 중에서 최대의 기대수익률을 갖는 효율적 포트폴리오들이다.

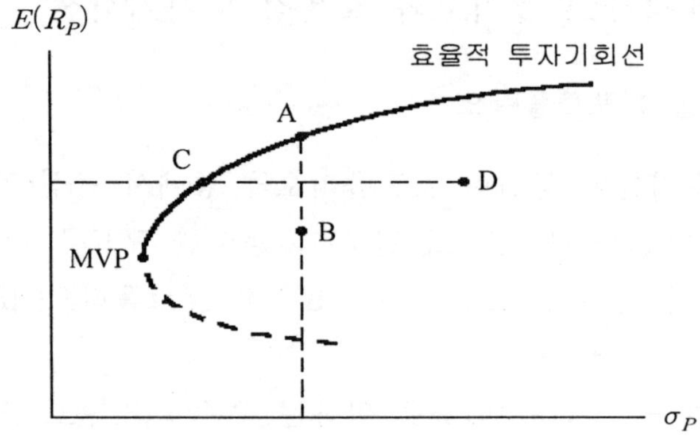

[그림 8-6] 효율적 투자기회선

[그림 8-6]을 보면 같은 위험수준에서 A는 B보다 기대수익이 더 크고, 같은 기대수익 수준에서 C는 D보다 위험이 더 작다. MVP를 최소분산 포트폴리오라 하고 MVP 위쪽의 곡선을 효율적 투자기회선이라 부른다.

연습문제

1. 수익률과 위험프리미엄의 의미에 대해 설명하시오.

2. 기대수익률과 분산, 표준편차를 구하는 공식에 대해 설명하시오.

3. 위험회피형과 위험중립형, 위험선호형의 효용함수에 대해 설명하시오.

4. 상관계수와 공분산의 공식과 그 의미에 대해 설명하시오.

5. 상관계수의 크기와 포트폴리오 위험을 세 가지로 구분하여 설명하시오.

6. 포트폴리오 효과와 분산투자 원칙에 대해 설명하시오.

7. 총위험을 체계적 위험과 비체계적 위험으로 구분하여 설명하시오.

8. 효율적 포트폴리오의 공식과 개념에 대해 설명하시오.

9. 효율적 투자기회선의 의미에 대해 설명하시오.

10. MVP(Minimum Variance Portfolio)의 의미에 대해 설명하시오.

제9장

자본자산결정모형

1. 자본자산결정모형의 의의와 가정
2. 무위험자산과 최적포트폴리오
3. 증권시장선
4. CAPM의 가정의 현실화
5. 차익거래가격결정이론

자본자산결정모형의 의의와 가정에 대해 살펴보고 무위험자산과 위험자산으로 구성된 최적포트폴리오에 대해 살펴보고자 한다. 자본시장선과 증권시장선의 의미와 시장균형 그리고 차익거래가격결정이론에 대해 살펴보고자 한다.

1. 자본자산결정모형의 의의와 가정

자본자산결정모형(CAPM : capital asset pricing model)은 자본시장이 균형상태를 이룰 때 자본자산의 기대수익률과 위험과의 관계를 예측하는 모형이다. 무위험자산이 존재한다는 완전자본시장의 가정하에서 자본자산의 기대수익률이 체계적 위험과 선형관계를 갖는다는 이론이다.

1.1 자본자산결정모형의 의의

자본자산은 미래의 수익에 대해 청구권을 가지는 자산으로 주식과 회사채 등 유가증권을 말한다. 자본시장의 균형이론은 자본시장에서 거래되는 모든 자산들이 수요와 공급이 일치하는 균형상태에서 가격이 어떻게 결정되는지 설명하는 이론이다. 즉 위험과 기대수익률 사이에 어떤 관계가 성립하는지 설명하는 이론이다.

균형가격은 수요와 공급이 일치하여 초과수요나 초과공급이 존재하지 않도록 결정된 가격이다. 균형상태에서는 가격이 일정하지만 불균형상태에서는 가격이 계속 변화한다. 자본자산에 대한 균형은 다음 두 가지 조건 중 하나가 충족되어야 한다.

① 차익거래 해소의 조건 : 차익거래를 통해 양(+)의 이익을 얻을 수 없는 상태. 차익거래가 없어야 균형이 달성된다.

② 최적 포트폴리오의 조건 : 시장포트폴리오가 모든 투자자들이 보유하고자 하는 최적위험포트폴리오와 동일할 때 균형이 달성된다.

1.2 자본자산결정모형의 가정

CAPM을 이해하기 위해 몇 가지 가정들을 살펴보고자 한다. 모든 투자자들이 포트폴리오 이론에 따라 행동하는 것으로 가정하고 다음 가정들을 CAPM에 그대로 적용해 보자.

① 평균 · 분산기준 : 투자자는 기대수익률과 분산에 의해 효율적 분산투자를 선택한다.

② 완전자본시장 : 자본시장에는 세금이나 거래비용 등 거래의 마찰요인이 존재하지 않으며 경쟁적이고 정보효율적인 시장이다.

③ 무위험자산의 존재 : 무위험자산이 존재하고 모든 투자자들은 무위험이자율로 자금을 무한히 차입하거나 대출이 가능하다.

④ 동질적 미래예측 : 모든 투자자는 각 자산의 수익률과 위험에 대해 동일한 예측을 한다.

⑤ 위험회피형 선호 : 모든 투자자는 기대효용을 극대화하기 위해 투자한다.

⑥ 균형시장 : 자본시장은 수요와 공급이 일치하는 균형상태를 이루고 있다.

2. 무위험자산과 최적포트폴리오

주식, 회사채, 국공채, 예금, 부동산 등 서로 다른 자산에 투자자금을 어떻게 분배하고 투자해야 할지 자산배분의 문제를 결정해야 한다. 이 문제는 위험자산과 무위험자산에 대한 투자비율을 결정하는 것이다. 무위험자산을 포함하여 포트폴리오를 구성할 때 최적의 포트폴리오를 구성하는 문제에 대해 살펴보고자 한다.

2.1 무위험자산과 위험자산으로 구성된 포트폴리오

(1) 무위험자산

상황변화에 관계없이 확정된 수익률이 보장되어 그 위험이 0이 되는 것을 무위험자산이라 부른다.

$$E(R_f) = R_f, \qquad \sigma(R_f) = 0$$

여기서, $E(R_f)$, $\sigma(R_f)$: 무위험자산의 기대수익률과 표준편차

R_f : 무위험이자율

무위험자산의 수익률을 무위험수익률 또는 무위험이자율이라 부른다. 일반적으로 국채, 공채, 정기예금 등이 단기간에 이자율변동 위험이 없고 확정적인 수익률을 보장해 주고 있어 무위험자산으로 알려져 있다.

(2) 위험자산과 무위험자산으로 구성된 포트폴리오

위험자산으로 구성된 포트폴리오보다 무위험자산을 포함한 포트폴리오의 경우 더 우수한 투자성과를 얻을 수 있다. 먼저 위험자산 A에 투자자금의 w를 투자하고 나머지를 무위험자산에 투자한 경우 기대수익률과 위험을 구해 보도록 하자.

$$\begin{aligned} E(R_P) &= wE(R_A) + (1-w)R_f \\ &= R_f + w[E(R_A) - R_f] \end{aligned} \qquad (9\text{-}1)$$

$$\sigma_P^2 = w_2\sigma_A^2 + (1-w)^2\sigma_f^2 + 2w(1-w)\sigma_{Af} \qquad (9\text{-}2)$$

여기서, R_f : 무위험이자율

$E(R_A)$: 위험자산 A의 기대수익률

σ_A^2 : 위험자산 A의 분산

σ_f^2 : 무위험자산의 분산

w : 위험자산 A의 투자비율

$1-w$: 무위험자산에 대한 투자비율

σ_{Af} : 위험자산 A의 수익률과 무위험이자율 사이의 공분산

위 식에서 무위험자산의 수익률은 일정하므로 분산 σ_f^2은 0이 되므로 무위험자산의 수익률과 위험자산 A의 수익률 간의 공분산 σ_{Af} 역시 0이 된다.

따라서

$$\sigma_P^{\ 2} = w_2 \sigma_A^{\ 2}$$
$$\Rightarrow \sigma_P = w\sigma_A \Rightarrow w = \sigma_P / \sigma_A \tag{9-3}$$

이 값을 식 (9-1)에 대입하면 위험자산과 무위험자산으로 구성된 포트폴리오의 기대수익률과 위험 사이의 관계식은 다음과 같이 된다.

$$E(R_P) = R_f + \frac{E(R_A) - R_f}{\sigma_A}\sigma_P \tag{9-4}$$

식 (9-4)를 [그림 9-1]에 표시하였다. 위험자산과 무위험자산으로 구성된 포트폴리오의 기대수익률과 위험을 볼 수 있으며 직선 $R_f AX$로 표시되어 선형관계를 나타내고 있다.

직선 $R_f AX$는 위험자산과 무위험자산의 투자비율을 변화시켰을 때 구성할 수 있는 포트폴리오 집합을 의미한다. 위험자산 A와 무위험자산에 나누어 투자한 포트폴리오는 직선 $R_f A$상에 위치하고, 투자자금과 무위험이자율로 차입한 자금을 모두 위험자산 A에 투자한 포트폴리오는 직선 AX상에 위치한다.

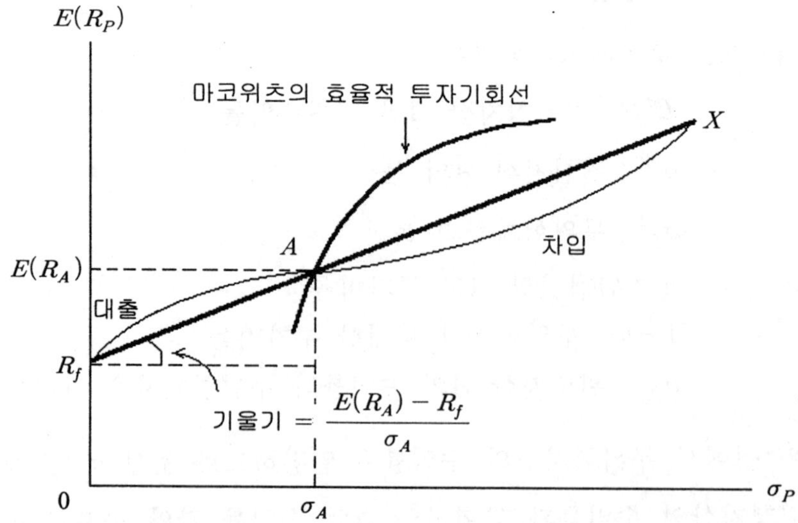

[그림 9-1] 위험자산과 무위험자산으로 구성된 포트폴리오

2.2 자본시장선

자본시장선이 균형상태를 이룰 때 자본자산의 기대수익률과 위험의 관계를 밝히는 모형으로서 자본시장선(CML)과 증권시장선(SML)이 있다.

(1) 자본시장선의 의의

위험자산만 투자한 포트폴리오이론은 원점에 대해 오목한 곡선의 형태를 보이고 있다. 그러나 무위험자산을 포함한 효율적 분산투자는 효율적 포트폴리오의 기대수익률과 위험이 직선으로 표시된다. 이를 자본시장선(Capital Market Line : CML)이라 부른다. 자본시장선은 위험자산과 무위험자산이 결합된 효율적 투자기회선이다.

[그림 9-2]를 보면 무위험자산과 위험자산 A로 구성된 포트폴리오가 직선 $R_f AX$ 상에 놓여 있다. 또한 무위험자산과 위험자산 M으로 구성된 포트폴리오가 직선 $R_f MY$ 상에 놓여 있다.

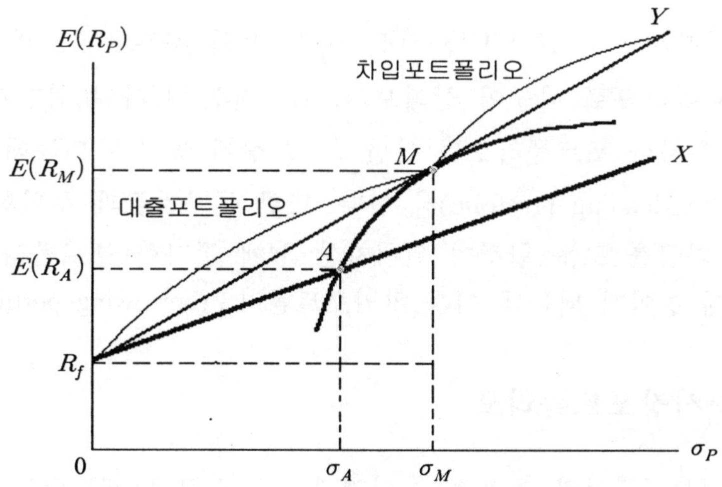

[그림 9-2] 자본시장선(CML)

직선 $R_f MY$는 무위험자산으로부터 효율적 투자기회선과 접하는 직선으로, 모든 위험수준에서 직선 $R_f AX$ 상의 포트폴리오들보다 기대수익률이 크기 때문에 직선 $R_f AX$ 상의 포트폴리오들을 지배하게 된다. 따라서 직선 $R_f MY$가 새로운 효율적 투자기회선이 되며 이를 자본시장선이라 한다. 자본시장선의 공식은 다음과 같다.

$$E(R_P) = R_f + \left[\frac{E(R_m) - R_f}{\sigma_m} \right] \sigma_P \tag{9-5}$$

여기서, $E(R_m)$: 시장포트폴리오의 기대수익률

σ_m : 시장포트폴리오의 표준편차

자본시장선에서 포트폴리오의 기대수익률 $E(R_P)$는 표준편차 σ_P에 비례하는 직선식으로 표시된다. 또한 기울기 $[E(R_m) - R_f] / \sigma_m$은 무위험자산과 시장포트폴리오를 결합하여 얻을 수 있는 위험 1단위에 대한 위험보상률(risk premium)을 나타내며 위험의 균형가격이라 부른다. 균형시장에서는 모든 투자가들의 위험보상이 동일하다.

(2) 대출포트폴리오와 차입포트폴리오

자본시장선 $R_f MY$를 직선 $R_f M$ 상의 포트폴리오와 직선 MY상의 포트폴리오로 나누어 살펴보자. 위험자산 M과 무위험자산 R_f에 나누어 투자한 포트폴리오는 직선 $R_f M$ 상에 놓이게 되는데 이를 대출포트폴리오(lending portfolio)라 한다. 또한 투자자금과 무위험이자율로 차입한 자금을 모두 합하여 위험자산 M에 투자한 포트폴리오는 직선 MY 상에 놓이게 되는데 이를 차입포트폴리오(borrowing portfolio)라 부른다.

(3) 시장포트폴리오

자본시장선과 효율적 투자기회선의 접점에 해당하는 포트폴리오 M을 시장포트폴리오라 부른다. 기대수익률과 위험의 관계를 이해하기 위해 시장포트폴리오의 특성에 대해 살펴보고자 한다.

첫째, 시장포트폴리오는 무위험자산과 위험자산으로 구성되어 있는 포트폴리오 중에서 가장 효율적이다. 그 이유는 효율적 투자기회선상의 어떤 포트폴리오보다 자본시장선의 기울기 $[E(R_m)-R_f]/\sigma_m$의 값이 가장 크기 때문이다.

둘째, 시장포트폴리오는 완전분산투자를 의미하며 자본시장에 존재하는 모든 위험자산으로 구성되어 있다. 모든 투자자는 무위험자산과 시장포트폴리오에만 투자하게 되어 시장포트폴리오 내에 포함된 자산만 존재하게 되고 그렇지 못한 자산은 사라지게 된다.

셋째, 시장포트폴리오는 시가총액의 구성비율로 구성되어 있으며 모든 투자자들이 위험자산으로 시장포트폴리오를 선택하고자 한다. 균형상태시장에서 비율을 식으로 표현하면 다음과 같다.

$$w_i = \frac{\text{자산 } i\text{의 총시장가치}}{\text{시장전체 자산의 총시장가치}} = \frac{P_i Q_i}{\sum P_i Q_i} \tag{9-6}$$

여기서, P_i : 자산 i의 시장가격

Q_i : 자산 i의 발행량

n : 자본시장 내의 위험자산수

위험자산에 투자할 때 투자금액을 w_i의 비율대로 각 자산에 투자하게 되면 시장포트폴리오와 동일한 수익률을 얻을 수 있다. 그렇지 않으면 특정주식에 대해 초과수요나 초과공급이 나타나 가격이 상승하거나 하락하게 된다.

넷째, 시장포트폴리오 구성이 현실적으로 불가능하지만 종합주가지수를 현실적인 대용물로 사용하고 있다. 종합주가지수는 시가총액식으로 계산되었으며 모든 주식을 시장가치 비율대로 포함하고 있다.

(4) 토빈의 분리정리

투자자들은 위험선호도에 따라 무위험자산과 시장포트폴리오의 투자비율을 변화시키고 있다. 이를 토빈의 분리정리라 하며 투자자의 포트폴리오 선택이 두 단계로 나누어져 있음을 의미하고 있다.

첫 번째는 시장포트폴리오를 구성하는 단계로서 투자자의 위험회피정도와 무관하게 모든 투자자들이 동일한 최적 위험포트폴리오를 선택하게 된다.

두 번째는 시장포트폴리오와 무위험자산의 투자비율을 결정하는 단계로서 투자자의 위험선호도에 따라 달라진다.

3. 증권시장선

자본시장선은 균형상태에서 효율적 포트폴리오들의 기대수익률과 위험 사이의 선형관계를 나타내지만 개별자산이나 비효율적 포트폴리오의 기대수익률과 위험 사이의 관계는 설명하지 못한다. 반면 증권시장선은 균형상태에서 개별자산이나 비효율적 포트폴리오를 포함한 모든 자산의 기대수익률과 위험 사이의 관계를 나타내는 선이다.

3.1 증권시장선의 도출

증권시장선(Security Market Line : SML)에 의하면 모든 자산의 기대수익률은 공분산위험 또는 체계적 위험에 따라 결정된다. 시장포트폴리오의 분산 ${\sigma_m}^2$은 다음 식과 같다.

$$ {\sigma_m}^2 = \sum_{i=1}^{n}\sum_{j=1}^{n} w_{im} w_{jm} \sigma_{ij} \tag{9-7} $$

여기서, w_{im} : 시장포트폴리오를 구성하는 자산 i의 비율

w_{jm} : 시장포트폴리오를 구성하는 자산 j의 비율

n : 시장포트폴리오에 포함된 자산수

σ_{ij} : 자산 i의 수익률과 자산 j의 수익률 사이의 공분산

이 식을 다음과 같이 정리할 수 있다.

$$\sigma_m = (w_{1m}\sum_{j=1}^{n} w_{jm}\sigma_{1j} + w_{2m}\sum_{j=1}^{n} w_{jm}\sigma_{2j} + \cdots\cdots + w_{nm}\sum_{j=1}^{n} w_{jm}\sigma_{nj})^{\frac{1}{2}} \tag{9-8}$$

따라서 시장포트폴리오에 대한 위험자산 i의 공분산은 다음과 같다.

$$\sigma_{im} = \sum_{j=1}^{n} w_{jm}\,\sigma_{ij} \tag{9-9}$$

여기서 공분산 σ_{im}은 위험자산 i가 시장포트폴리오의 총위험에 영향을 미치는 정도를 나타낸다. 두 식을 대입하여 정리하면 다음과 같다.

$$\sigma_m = (w_{1m}\sigma_{1m} + w_{2m}\sigma_{2m} + \cdots\cdots + w_{nm}\sigma_{nm})^{\frac{1}{2}} \tag{9-10}$$

여기서 σ_{1m}은 자산 1과 시장포트폴리오 사이의 공분산을 나타내고 σ_{2m}은 자산 2와 시장포트폴리오 사이의 공분산을 나타낸다. 시장포트폴리오의 총위험은 각 위험자산의 공분산위험(σ_{im})을 투자비율에 따라 가중평균한 것과 동일하다.

모든 투자자들은 시장포트폴리오의 분산(위험)에 관심을 가질 것이고 각 개별자산이 시장포트폴리오 분산에 영향을 미치는 정도는 개별자산과 시장포트폴리오 사이의 공분산 크기로 나타난다.

개별자산의 기대수익률은 공분산위험에 따라 결정된다. 공분산위험이 큰 자산일수록 시장포트폴리오의 체계적 위험에 큰 영향을 미치게 된다. 따라서 공분산위험이 큰 주식은 기대수익률이 높은 수준에서 결정되고 반대로 작은 주식은 낮은 수준에서 결정된다.

3.2 증권시장선의 의미

균형상태에서 개별자산의 기대수익률과 위험 사이에 다음 관계가 성립한다.

$$E(R_i) = R_f + \left[\frac{E(R_m) - R_f}{{\sigma_m}^2}\right]\sigma_{im} \tag{9-11}$$

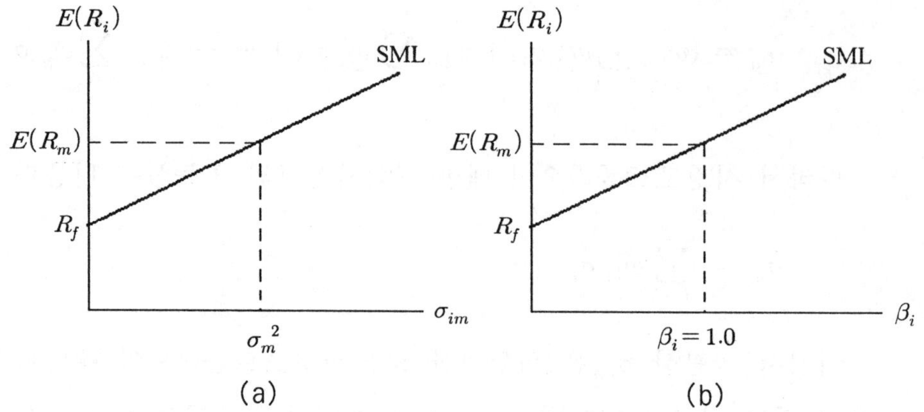

[그림 9-3] 증권시장선

[그림 9-3(a)]에서 R_f는 절편으로 무위험이자율을 나타내고, 기울기 $[E(R_m) - R_f] / \sigma_m^2$는 공분산위험의 단위당 프리미엄을 의미한다. 기울기가 상승하고 있어 공분산(σ_{im})이 클수록 기대수익률이 높아야 한다. 이러한 관계를 증권시장선이라 부른다.

체계적 위험은 공분산위험 또는 베타위험으로 측정한다. 공분산위험이 0인 위험자산은 무위험수익률과 동일한 가격이 형성되며 체계적 위험이 없다는 것을 의미한다. 증권시장선을 다음과 같이 정리하였다.

$$E(R_i) = R_f + [E(R_m) - R_f]\beta_i \qquad (9\text{-}12)$$

$$\beta_i = \frac{\sigma_{im}}{\sigma_m^2}$$

[그림 9-3(b)]에서 β_i는 자산 i의 베타계수로 베타위험을 나타낸다. $[E(R_m) - R_f]$는 증권시장선의 기울기로 베타위험의 단위당 프리미엄을 의미한다. 베타계수는 개별자산의 공분산위험을 시장포트폴리오의 총위험으로 나누어 계산하므로 공분산위험이 높을수록 베타위험이 높게 나타난다.

어느 자산의 β_i가 1보다 크면 시장수익률보다 더 크게 움직이므로 공격적 자산이라 부른다. 반대로 β_i가 1보다 작으면 시장수익률보다 더 작게 움직이므로 방어적 자산이라 부른다.

3.3 증권시장선과 시장균형

증권시장선에서 포트폴리오 베타는 개별자산 베타들의 가중평균에 의해 결정된다. 식은 다음과 같다.

$$\beta_P = \Sigma w_i \beta_i \tag{9-13}$$

여기서, β_P : 포트폴리오 베타

w_i : 자산 i가 포트폴리오에서 차지하는 비율

β_i : 개별자산 i의 베타

포트폴리오의 기대수익률은 개별자산의 기대수익률을 투자비율에 따라 가중평균하여 구한다. 식은 다음과 같다.

$$E(R_P) = \sum_{i=1}^{n} w_i E(R_i) \tag{9-14}$$

CAPM에 의하면 균형상태에서 모든 자산의 기대수익률은 SML에 놓이게 된다. 그러나 순간적으로 개별자산이 불균형상태에 놓일 수 있다. [그림 9-4]를 보면 자산 X가 SML 위에 있고, 베타위험이 동일한 자산 Y가 SML 아래에 놓여 있다.

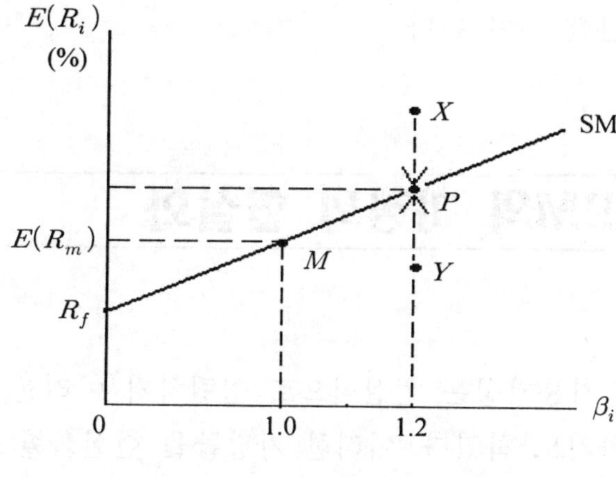

[그림 9-4] 증권시장선의 시장균형 : 베타위험과 기대수익률

필수수익률이 기대수익률보다 낮은 X는 저평가되어 SML 위에 있고 반대로 Y는 고평가되어 SML 아래에 놓여 있다. 투자자들은 고평가된 Y를 매도하고 저평가된 X를 매입하면서 차익거래에 참여한다. 이후 X의 가격이 상승하고 Y의 가격은 하락한다. 결국 X와 Y의 시장가격은 효율적 포트폴리오 P와 일치하는 선에서 시장균형이 형성된다.

3.4 SML과 CML의 비교

CML과 SML은 균형상태의 시장에서 기대수익률과 위험 사이의 선형관계를 나타내는 식이다. 그러나 CML은 무위험자산이 존재할 때 가장 효율적인 포트폴리오의 기대수익률과 총위험 사이의 선형관계를 나타내고, SML은 포트폴리오와 개별자산을 포함한 모든 자산을 대상으로 기대수익률과 체계적 위험 사이의 선형관계를 나타내는 차이가 있다.

$$\text{CML} : E(R_p) = R_f + \frac{E(R_m) - R_f}{\sigma_m}\sigma_p \Rightarrow \text{효율적 포트폴리오에만 적용}$$

$$\text{SML} : E(R_i) = R_f + [E(R_m) - R_f]\beta_i \Rightarrow \text{모든 자산에 적용}$$

CML과 SML은 서로 다른 식이 아니고 CML은 SML을 효율적 포트폴리오에만 적용한 경우라 할 수 있다. 무위험자산이 존재할 경우 효율적 포트폴리오와 시장포트폴리오 사이의 상관계수 $\beta_{\text{i}}=1$이 되므로 SML과 CML은 동일한 식이 된다.

4. CAPM의 가정의 현실화

CAPM의 기본가정은 현실적으로 성립하기 어려운 것이 많아서 그 의미가 감소하기도 하였다. 이러한 가정들을 현실화할 경우에 CAPM의 의미가 어떻게 변하는지 살펴보기로 하자.

4.1 무위험자산이 존재하지 않은 경우

국공채나 정기예금의 경우 인플레이션, 은행파산, 전쟁 등의 요인에 의해 실질이자율이 변할 수 있기 때문에 차입과 대출이 무위험이자율로 이루어지는 무위험자산이 존재하지 않을 수 있다.

그러나 블랙(Black, 1972)은 무위험자산 대신 베타계수가 0인 포트폴리오를 구성하여 이 포트폴리오의 기대수익률을 무위험이자율로 대신 사용하여도 CAPM이 성립하는 것을 확인하였다. 이를 제로베타 CAPM이라 부른다.

4.2 세금이 존재하는 경우

CAPM에서는 세금이 존재하지 않는 완전자본시장을 가정하고 있다. 그러나 현실적으로 투자자들은 소득에 대해 세금을 부담해야 한다. 일반적으로 배당소득세율이 자본이득세율보다 높으며 누진세제하에서는 고소득층이 저소득층보다 높은 배당소득세율을 부담한다. 따라서 고배당 주식의 기대수익률이 보다 높게 나타난다.

Brennan(1970)은 배당소득세가 존재하는 경우 납세 전 기대수익률은 이러한 배당소득세율의 차이를 충분히 반영하여 결정된다는 것을 증명하였다. 배당소득세율이 자본이득세율보다 높을 경우 투자자들은 배당소득보다는 자본이득을 선호하게 될 것이다. 따라서 배당이 많을수록 투자자들은 높은 기대수익률을 요구하게 되는 것이다.

4.3 차입이자율과 대출이자율이 다른 경우

CAPM에서는 동일한 무위험이자율로 차입과 대출이 가능하다고 가정한다. 그러나 현실적으로 차입이자율(R_B)이 대출이자율(R_L)보다 거래비용 등 때문에 더 높다.

[그림 9-5]에서 이자율 R_L로 대출하여 대출포트폴리오를 구성하는 경

우 최적포트폴리오 M_L을 선택하게 되고 이때 자본시장선은 직선 $R_L M_L$이 된다. 반면 이자율 R_B로 차입하여 차입포트폴리오를 구성하는 경우 최적포트폴리오 M_B를 선택하게 되고 이때 자본시장선은 직선 $M_B X$가 된다.

차입이나 대출이 없이 위험포트폴리오에 투자하는 경우 자본시장선은 곡선 $M_L M_B$가 된다. 차입이자율이 대출이자율보다 높은 경우 자본시장선은 $R_L M_L M_B X$가 되며 차입이자율과 대출이자율의 차이가 커질수록 곡선의 범위가 확대된다.

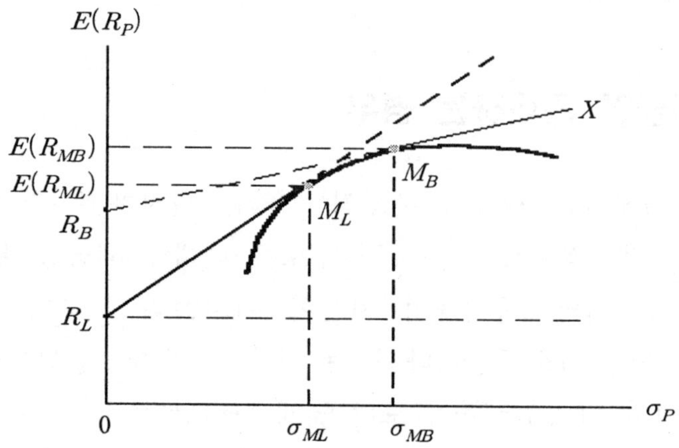

[그림 9-5] 차입이자율과 대출이자율이 다른 경우

5. 차익거래가격결정이론

차익거래가격결정이론(Arbitrage Pricing Theorem : APT)은 CAPM과 마찬가지로 개별증권과 포트폴리오의 가격형성과정을 설명하는 균형가격이론이다. 그러나 개별증권의 수익률에 대해 CAPM은 단일공통요인인 시장포트폴리오의 수익률 변화에 따라 결정되는 것으로 가정하고 APT는 다수의 공통요인에 의해 결정되는 것으로 가정하고 있다.

5.1 APT의 출현과 의의

CAPM은 균형상태시장에서 증권의 기대수익률이 베타계수와 선형적으로 비례하고 있다는 시장균형모형이다. 그러나 개별증권의 베타계수를 구하려면 시장포트폴리오를 확인할 수 있어야 하는데 현실적으로 시장포트폴리오 구성은 어렵다고 본다.

이 문제를 해결하기 위해 1976년 로스(Ross)에 의해 APT가 제시되었다. APT는 증권의 수익률이 다수의 공통요인에 의해 결정되고 있으며 이론적인 포트폴리오에 의존하지 않고 현실적으로 분산 가능한 포트폴리오를 구성하여 설명하고 있다. 또한 균형상태시장에서는 증권의 기대수익률과 각 요인의 베타계수 사이에 선형관계가 성립하고 있음을 설명하고 있다.

APT는 다음과 같이 가정하고 있다.

첫째, 개별증권의 수익률은 다수의 독립적인 공통요인에 의해 결정된다.

둘째, 투자자들은 위험회피형을 선호하여 분산을 통해 위험을 감소하고자 한다.

셋째, 투자자들은 가능한 한 많은 부를 선호하여 차익거래이익을 극대화하고자 한다.

넷째, 자본시장은 세금이나 거래비용 등 마찰적 요인이 없는 완전균형시장이다.

5.2 차익거래와 차익거래포트폴리오

균형상태시장에서는 추가적인 위험부담 없이 차익거래이익(arbitrage profit)을 실현할 수 없다는 논리에서 APT가 출발하고 있다. 이 차익거래를 위해 구성한 포트폴리오를 차익거래포트폴리오(arbitrage portfolio)라 부른다.

상품시장에서 동일한 상품이 서로 다른 가격으로 거래될 수는 없다.

만일 서로 다른 가격으로 거래가 된다면 저가에 매입하여 고가에 매도하면서 동일한 가격이 형성될 때까지 초과이익을 얻고자 할 것이다. 이러한 거래를 차익거래라 부른다.

차익거래는 자금이나 위험을 추가로 부담하지 않고 이익을 얻고자 하는 거래이므로 차익거래포트폴리오는 자금이나 위험을 추가로 부담하지 않는 포트폴리오를 말한다.

차익거래포트폴리오가 성립되기 위해서는 다음 두 가지 조건을 만족해야 한다.

첫째, 투자비율의 합이 0이 되어야 한다. 동일한 위험에 기대수익률이 다르게 형성되어 있으면 기대수익률이 낮은 증권을 매도하고 기대수익률이 높은 증권을 매수할 것이다. 추가적인 자금부담 없이 포트폴리오를 구성하려면 보유 중인 증권을 매도하여 다른 증권을 매입할 것이다. 따라서 차익거래포트폴리오를 구성하는 개별증권에 대한 투자비율의 합은 0이 되어야 한다.

둘째, 위험이 0이 되어야 한다. 추가적인 위험부담 없이 포트폴리오를 구성하기 위해서는 체계적 위험과 비체계적 위험이 모두 0이 되어야 한다. 체계적 위험이 0이 되려면 개별증권의 체계적 위험을 투자비율로 가중평균한 값이 모두 0이 되도록 투자비율을 조정해야 한다. 또한 비체계적 위험이 0이 되려면 가능한 한 많은 수의 주식으로 포트폴리오를 구성하여 위험을 분산해야 한다.

연 습 문 제

1. 자본자산결정모형의 의의와 가정에 대해 설명하시오.

2. 위험자산과 무위험자산으로 구성된 포트폴리오의 기대수익률과 위험 사이의 관계식에 대해 설명하시오.

3. 자본시장선의 의미와 공식에 대해 설명하시오.

4. 대출포트폴리오와 차입포트폴리오에 대해 설명하시오.

5. 시장포트폴리오의 의미와 특성에 대해 설명하시오.

6. 증권시장선의 의미와 기대수익률과 위험 사이의 관계식에 대해 설명하시오.

7. 증권시장선의 시장균형을 베타위험과 기대수익률로 설명하시오.

8. APT와 CAPM의 공통점과 차이점을 서로 비교하여 설명하시오.

9. APT의 출현과 가정에 대해 설명하시오.

10. 차익거래의 의미와 차익거래포트폴리오의 성립조건에 대해 설명하시오.

제10장

선물거래

1. 선물거래의 이해
2. 선물시장의 구성과 거래제도
3. 국내시장의 선물거래
4. 선물거래의 손익과 선물가격결정
5. 선물가격과 기대현물가격의 관계
6. 선물거래전략

선물거래에 대한 이해를 높이기 위해 선물시장의 구성과 거래제도에 대해 살펴보고 국내 선물시장에서 거래되는 상품에 대해 살펴보고자 한다. 또한 선물거래로 인한 손익과 선물가격결정의 모형 그리고 선물가격과 현물가격과의 관계를 설명하는 이론들에 대해 살펴보고자 한다.

1. 선물거래의 이해

선도거래와 선물거래를 비교해 보고 선물거래를 거래대상자산에 따라 상품선물거래와 금융선물거래로 구분하여 살펴보고자 한다. 또한 햇지거래와 투기거래를 구분하여 살펴보고 선물시장의 경제적 기능에 대해 살펴보고자 한다.

1.1 선도거래와 선물거래

선도거래는 거래 당사자들이 직접 또는 장외시장에서 중개기관을 통해 거래가 이루어지고 선물거래는 조직화된 거래소를 통해 거래가 이루어진다.

(1) 선도거래

농부와 배추 중간도매상이 50만평의 밭에서 생산될 배추를 1,000원으로 가을에 인도하기로 계약을 했을 때 이 계약을 선도계약이라 하고 이 계약에 따라 결제가 이루어지는 것을 선도거래(forward transaction)라 부른다.

선도거래는 거래쌍방이 미래의 특정시기에 특정상품을 일정한 가격조건으로 거래하기로 약속하는 것이다. 거래대상의 품질, 수량, 가격, 인도시기 등 거래조건에 대하여 합의할 수 있다면 어떠한 형태의 거래도 성립될 수 있다.

그러나 선도거래는 서로의 요구조건을 충족시키는 거래상대방을 찾는 것이 어려우며 또한 거래당사자 간의 신용에 의존하기 때문에 미래가격이 일방에게 불리하게 변할 경우 계약이 이행되지 않을 가능성이 커진다. 이러한 문제점을 해결하기 위해 선물거래가 시작되었다.

(2) 선물거래

선물계약은 선물거래소를 통해 표준화된 거래조건에 따라 미래 특정 시점에 정해진 가격으로 특정자산을 사고팔기로 현재시점에서 약속하는 계약이다.

선물거래(futures transaction)는 거래형식을 정형화하고 거래조건을 표준화하여 시장성을 부여한 선도거래라 할 수 있다. 거래대상이 되는 특정자산을 기초자산으로 하고 정해진 특정시점을 만기일(maturity) 또는 인도일(delivery date)이라 하며, 정해진 가격을 선물가격이라 한다. 선물가격은 만기일에 기초자산을 사고 팔 때의 거래가격을 의미하는 것이지 선물계약의 가치를 의미하는 것이 아니다.

〈표 10-1〉 선물거래와 선도거래의 비교

	선물거래	선도거래
거래조건	계약단위, 인도일(만기일) 등 모든 거래조건들이 표준화되어 있음.	당사자 간 합의에 의해 거래조건이 조정됨.
거래방식	조직화된 거래소를 통해 거래	당사자 간 직접 내지 장외시장에서 중개기관(브로커)을 통해 거래
가격 정산	계약이행보장을 위해 매일 가격변동에 따른 손익금액을 결제기관을 통해 정산함.	자금결제일 또는 만기일에만 정산
결제이행여부	거래참가기관이 부도가 나면 거래소가 이행보증	채무불이행에 대한 책임을 당사자가 부담

1.2 선물거래의 종류

선물거래는 거래대상자산에 따라 상품선물(commodity futures)거래와 금융선물(financial futures)거래로 구분하고 있다.

상품선물거래는 농축산물, 금속, 에너지 등과 같은 상품에 적용되는 거래를 말한다. 농축산물선물거래에는 옥수수, 콩, 귀리, 소맥, 대두, 커피, 코코아 오렌지주스, 설탕, 쌀, 목재, 소, 돼지 등이 있다. 금속선물거래에는 알루미늄, 금, 은, 동, 플라티늄 등이 있다. 에너지선물거래에는 원유, 벙커시유, 천연가스, 가솔린, CRB지수(농축산물, 금속, 에너지 종합지수) 등이 국제선물시장에서 거래되고 있다. 우리나라에는 금선물이 선물거래소를 통해 거래되고 있다.

금융선물거래는 1970년대 들어 환율변동이 심해지고 오일쇼크 이후 금리급변을 경험하면서 빠른 성장을 기록하고 있다. 채권, 외국통화, 주가지수 등을 기초자산으로 금리선물거래, 통화선물거래, 주가지수선물거래가 있다.

금리선물거래는 채권을 대상으로 T-Bond, T-Note, T-Bill, CD, LIBOR가 있으며 국내에서는 국채선물, CD선물, 통안증권금리선물이 거래되고 있다.

통화선물은 각국 통화를 대상으로 미국 달러, 영국 파운드, 독일 마르크, 스위스 프랑, 일본 엔, 캐나다 달러, 유로 등이 주로 거래되고 있으며 국내에서는 미국 달러선물거래가 이루어지고 있다.

주가지수선물은 특정 주가지수를 대상으로 Value Line지수, Mini Value Line지수, S&P 500, S&P 100, NYSE지수, 일본Nikkei 225지수 등이 있다. 국내에서는 KOSPI 200지수와 KOSDAQ 50지수가 거래되고 있다.

1.3 선물시장의 경제적 기능

선물거래는 기초자산의 가격변동위험을 헤지하고 싶은 투자자로부터 위험을 부담하는 대신 이익을 얻고자 하는 투기적 거래자에게 가격변동위험을 이전시키는 기능을 한다.

현물을 보유하고 있는 투자자는 가격하락에 따른 손실을 선물거래를 통해 보전할 수 있으며, 가격상승에 따른 이익으로 선물거래에서의 손실을 보전할 수 있어 가격변동에 따른 위험을 줄일 수 있다. 반면 투기적 거래자는 큰 이익을 얻기 위해 선물만 거래하면서 기회를 노리는 투자자를 말한다.

선물거래는 자산가격에 대해 다양한 정보제공의 기능을 한다. 선물가격은 향후 수요와 공급에 대한 정보를 반영하고 있어 미래에 대한 예측이 가능하도록 한다. 선물가격에 근거하여 시장참여자들은 투자계획 및 자금조달 계획을 쉽게 수립할 수 있다.

선물거래는 자금의 유동성을 증대시키는 기능을 한다. 선물거래는 현물거래보다 훨씬 적은 금액이 필요하므로 현물시장으로의 유동성 공급이 가능해진다.

선물거래는 재고관리를 쉽게 하는 기능을 한다. 미래에 필요한 원자재 등을 재고로 보유하지 않고도 확보할 수 있어 재고관리비용을 절감할 수 있다.

선물거래는 자원의 효율적 배분과 현물가격을 안정시키는 기능을 한다. 선물가격은 특정상품의 저장·생산·소비를 현재와 미래로 적절히 배분하여 자원의 효율적 배분이 가능하도록 하고 현물가격의 안정을 가져온다.

2. 선물시장의 구성과 거래제도

선물시장은 투자자, 선물거래소, 청산소, 선물중개업자로 구성되어 있다. 선물거래가 이루지는 과정에서 요구되는 다양한 거래제도에 대해 살펴보고자 한다.

2.1 선물시장의 구성

(1) 투자자

선물거래소를 이용하는 고객인 투자자는 선물상품의 수요자와 공급자가 되며 거래목적에 따라 헤지거래자와 투기거래자, 차익거래자로 구분한다.

헤지거래자(hedger)는 현물 보유로 인한 가격변동위험을 회피하기 위해 선물거래로 자산의 가치를 보호하려는 투자자이다.

투기거래자(speculator)는 오직 선물거래만을 통해 가격변동에 따른 이익을 얻고자 하는 거래자이다. 선물가격이 예상대로 움직이면 큰 이익을 얻을 수 있지만 예상과 다르면 큰 손실을 보게 된다.

차익거래자(arbitragers)는 현물가격과 선물가격이 일시적으로 불균형상태를 보일 경우 상대적으로 고평가된 것을 매도하고 저평가된 것을 매입하여 추가적인 부담 없이 이익을 얻고자하는 투자자이다.

(2) 선물거래소

투자자들이 공정하게 거래를 할 수 있도록 조직화된 기관으로 선물거래는 자격을 갖춘 회원들의 중개를 통해 이루어져야 한다.

선물시장을 개설하여 거래할 수 있도록 물리적 장소와 설비를 제공하며 선물·옵션상품의 상장, 거래규정의 제정, 회원의 자격심사, 매매의 공정여부심사와 성립된 매매거래에 따른 청산업무를 직접 담당하고 있다. 자회사로 청산기관이 있다.

(3) 청산소와 선물중개업자

선물거래의 원활한 계약이행 보증을 위해 청산기관(clearing house)을 운용하고 있다. 청산기관은 거래소의 부속기관 또는 독립된 기관으로 매입포지션에게는 매도포지션을 취하고, 매도포지션에게는 매입포지션을 취하여 탐색비용을 줄이고 거래의 시장성을 높여 주는 역할을 한다.

선물중개업자(futures commission merchant)는 고객의 주문을 받아 직접 계약을 체결해 주고 고객의 미청산계약과 예탁자금 및 증거금을 관리해 주는 대가로 수수료를 받는 회사이다.

2.2 선물시장의 거래제도

선물거래는 투자자가 선물회사를 선정하여 위탁계좌를 개설하고 상품별로 정해져 있는 증거금을 거래 전에 납부하고 거래주문을 내면 된다.

선물회사는 거래가 성립하면 매매확인서를 투자자에게 우송하고 청산소에 통보하여 거래자금을 결제하면 된다.

선물가격이 급변하게 되면 계약당사자 중 일방이 큰 손실을 보기 때문에 이를 보호하고 결제불능위험을 방지하기 위한 제도적 장치가 필요하다. 이러한 안전장치기능을 하는 것이 증거금제도와 일일정산제도이다.

투자자는 성실한 계약이행을 위해 중개회사와 결제기관에 보통 계약금액의 5~15%를 개시증거금으로 예치한다. 계약체결 후에는 계약이행을 보증하기 위해 최소한 1일 변동폭에 해당하는 금액을 유지증거금으로 예치해야 한다.

유지증거금 수준을 결정하기 위해 투자자의 거래를 매일 정산가격으로 평가하고 그 결과 발생한 손익을 증거금에서 가감하는 일일정산제도를 운용하고 있다.

만일 증거금이 유지증거금 이하로 감소할 경우 청산소는 투자자에게 증거금을 추가로 예치하도록 요구하는데 이를 추가증거금 또는 변동증거금이라 한다. 투자자가 추가증거금을 납부하지 않을 경우 청산소는 투자자의 선물포지션을 반대매매하여 청산하고 증거금계정을 폐쇄한다.

3. 국내시장의 선물거래

국내 선물시장에서는 주가지수선물거래가 증권거래소에서 거래되고 미국달러선물, CD금리선물, 국고채권선물, KOSDAQ50지수선물, 금선물 등이 선물거래소에서 거래되고 있다.

3.1 KOSPI200 주가지수선물

KOSPI200지수를 기초자산으로 1996년 5월 3일 개장되었으며 결제월

기준으로 3월물, 6월물, 9월물, 12월물 등 4종목이 있다. 최장거래기간은 1년이며 최종거래일은 각 결제월의 두 번째 목요일이고, 거래개시일은 최종거래일의 다음 날로 한다.

지수 1포인트당 가격이 500,000원이고 호가단위가 0.05포인트이므로 최소가격 변동폭은 25,000원(=0.05×500,000원)이 된다. 개시증거금은 계약금액의 15%이고 유지증거금은 미청산계약에 한해 계약가액의 10%로 한다. 당일 가격변동폭은 전일종가의 10%이다.

사례 투자자가 10월 5일에 12월물 종가 90.00으로 4계약 매입했다. 이때 계약금액은 180,000,000원이고 계약금액의 15%인 27,000,000원을 개시증거금으로 내야 한다.

- 선물 계약금액 = 지수 90.00 × 500,000원 × 4계약 = 180,000,000원
- 실제 투자금액 = 180,000,000원 × 15% = 27,000,000원
- 최초 유지증거금 = 180,000,000원 × 10% = 18,000,000원

투자자의 투자손익은 12월 두 번째 목요일의 선물가격에 따라 결정된다. 만일 가격이 상승하여 92.00이면 최종이익은 400만원이 된다.

- 최종투자이익 = (92.00 − 90.00) × 500,000원 × 4계약 = 4,000,000원

〈표 10-2〉 KOSPI200과 KOSDAQ50 선물시장의 비교

구 분	KOSPI200선물	KOSDAQ50선물
결제월	3, 6, 9, 12월(최장거래기간 : 1년)	
거래단위 (1계약의 크기)	선물가격 × 50만원	선물가격 × 10만원
호가단위 (tick size)	0.05포인트(25,000원)	0.05포인트(5,000원)
가격제한폭	전일 종가의 상하 10%	
기본예탁금	500만원(선물 · 옵션 통합)	없음
거래시간	평일 : 09:00∼15:15 최종거래일 : 09:00∼14:50	
최종거래일	결제월 두 번째 목요일(휴장일인 경우에는 직전 영업일)	

3.2 KOSDAQ50선물

KOSDAQ50지수를 거래대상으로 2001년 1월 30일부터 거래가 시작되었다. 거래종목과 결제월은 KOSPI200선물과 동일하다.

지수 1포인트당 가격은 100,000원이며 호가도 1계약당 10,000원으로 정해져 있다. KOSPI200선물은 주식시장과 동일하게 가격, 시간, 수량 우선원칙에 따라 이루어지지만 KOSDAQ50선물은 가격과 시간 우선원칙만 적용된다.

3.3 금 선 물

국내 선물거래소에 상장된 유일한 상품선물이며 미래 일정 시점에 인수도할 금을 현재 선물시장을 통해 거래한다. 금가격의 변동위험에 노출된 기업이 이용할 수 있으며 투자자는 재테크 수단으로 이용할 수 있다.

거래대상은 순도 99.99%의 금괴이며 거래단위는 1kg이다. 결제월은 2월, 4월, 6월, 8월, 10월, 12월이고 최소가격 변동폭은 10원이며 최소가격 변동금액은 10,000원(1,000g×10원)이다.

4. 선물거래의 손익과 선물가격결정

선물매입과 선물매도에 따른 손익과정을 살펴보고 선물가격결정에 영향을 미치는 요인과 보유비용모형에 대해 살펴보고자 한다.

4.1 선물거래의 손익

선물매입자는 만기일에 미리 약정한 선물가격에 기초자산을 매입해야 하므로 기초자산 가격이 상승하면 이익을 얻고 하락하면 손해를 본다.

반대로 선물매도자는 선물가격이 상승하면 손해를 보고 하락하면 이익을 얻는다.

선물계약을 만기일까지 청산하지 않고 보유하는 경우 만기일의 손익은 다음과 같다.

$$\text{선물매입의 만기일 손익} = S_T - F_{0,T}$$
$$\text{선물매도의 만기일 손익} = F_{0,T} - S_T$$

여기서 S_T = 만기일의 현물가격,

$F_{0,T}$ = 만기일이 T시점인 선물의 현재가격

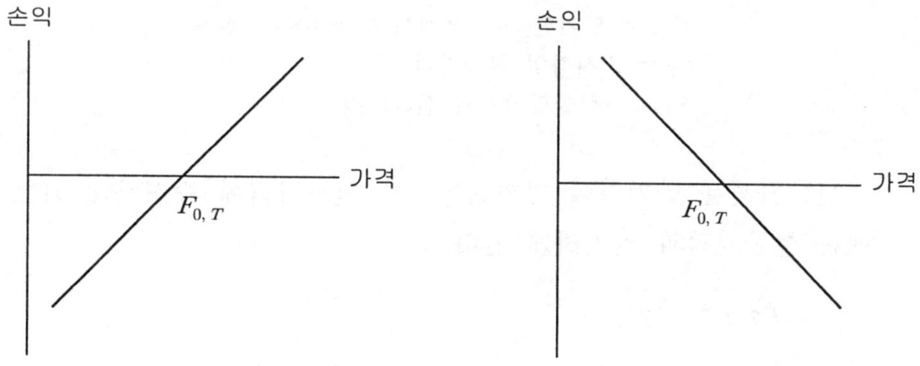

(a) 선물매입의 손익 (b) 선물매도의 손익

[그림 10-1] 선물계약거래의 손익

[그림 10-1]에서 선물매입의 손익은 현물매입의 손익과 동일한 형태이며, 선물매도의 손익은 현물매도의 손익과 동일한 형태이다.

4.2 선물가격결정

선물의 이론가격은 선물가격에 영향을 미치는 요인과의 관계로 설명할 수 있으며, 선물가격을 평가하기 위한 보유비용모형이 있다.

(1) 선물가격결정의 이해

선물이론가격의 결정과정을 설명하고자 먼저 몇 가지 기호를 살펴보도록 하자.

	현재	만기
현물가격 :	S_0	S_T
선물가격 :	$F_{0,T}$	$F_{T,T}$

$r_{0,T}$ = 현재부터 선물만기일까지의 무위험이자율
S_0 = 기초자산의 현물가격
$F_{0,T}$ = 만기일 T 시점에서 선물계약의 현재가격
S_T = T 시점의 현물가격
$F_{T,T}$ = 선물만기일의 선물가격

선물가격은 만기일이 가까워질수록 현물가격에 수렴하게 되고 만기일에는 현물가격과 일치하게 된다.

$$F_{T,T} = S_T$$

(2) 보유비용모형

보유비용모형(carrying cost model)은 균형상태시장에서 선물이나 현물을 매입한 후에 선물만기일까지 보유하는 경우 동일한 효과가 나타나야 한다는 논리로 선물가격을 평가하는 모형이다.

선물매입은 만기일에 $F_{0,T}$의 가격을 지불하고 기초자산을 매입하는 것으로 현물매입 후 선물만기일까지 보유하는 경우와 부담하는 총금액은 같아야 한다.

$$F_{0,T} = S_0 + C$$

여기서 C = 현물보유에 따른 비용

현물매입의 경우 현물가격만큼 현금이 유출되는데, 현물매입 대신 무위험자산에 투자했을 경우 발생하는 이자를 상실하게 되므로 선물가격

에는 이자가 포함되어야 한다.

$$F_{0,T} = S_0 + S_0 \times r_{0,T} = S_0(1 + r_{0,T})$$

선물계약의 대상이 일반상품이라면 상품을 매입한 후 보관하는 경우 수송비, 보관료, 보험료 등 보관비용을 부담해야 한다. 이 비용도 선물가격에 포함되어야 한다.

$$F_{0,T} = S_0(1 + r_{0,T}) + FV(0)$$

단, $FV(0)$ = 만기일 이전에 발생하는 보관비용의 만기일 가치

만일 선물거래의 대상이 주식이나 채권 등 금융자산이라면 선물만기일까지 배당이나 이자 등의 보유소득을 얻게 되므로 선물가격은 보유소득만큼 작아야 한다.

$$F_{0,T} = S_0(1 + r_{0,T}) - I$$

단, I = T시점까지의 이자소득 내지 배당소득

(3) 주가지수선물가격의 결정

주가지수선물가격은 주식매입으로 발생한 금융비용과 주식보유로 발생한 배당수익을 공제한 금액이 보유손익이 된다.

주가지수선물의 이론가격 = 현물주가지수 − (배당수익 − 이자비용)

$$F = S_0 - S_0(d - r)\frac{t}{365}$$

여기서, F = 주가지수선물의 이론가격

S_0 = 현물주가지수

r = 이자율

d = 배당수익률

t = 만기까지의 잔존일수

주가지수선물의 이론가격은 주가지수가 상승할수록, 이자율이 높을수록, 잔존만기가 길수록 상승한다. 반면 배당률이 높을수록 보유비용이 작아지기 때문에 이론가격이 낮아진다.

4.3 베이시스와 베이시스위험

베이시스(basis)는 선물가격과 현물가격의 차이를 말한다.

베이시스 = 선물가격 − 현물가격

선물가격은 현물가격에 만기일까지의 보유비용을 합한 값이므로 일반적으로 선물가격은 현물가격보다 높게 형성된다. 만기가 길수록 가격이 높게 형성되는데 이런 현상을 콘탱고(contango)라 부른다.

금융선물의 경우 현물매입에 따른 기회비용보다 보유수익이 크면 선물가격이 현물가격보다 낮게 형성된다. 만기가 길수록 가격이 낮게 형성되는데 이런 현상을 백워데이션(backwardation)이라 부른다.

베이시스는 만기일에 가까울수록 점차 감소하며 만기일에는 선물가격의 인도일 수렴현상에 의해 0이 된다(선물가격=현물가격). 만약 0이 안 되면 만기일에 차익거래가 발생할 것이다.

현물가격과 선물가격이 동일하게 변하면 베이시스가 일정하므로 현물시장의 손익이 선물시장의 손익에 의해 완전히 제거되어 완전헤지가 가능해진다. 그러나 현물가격과 선물가격이 동일하게 변하지 않으면 베이시스가 변하게 되고 이로 인해 선물거래에 따른 손익이 변하게 된다. 이를 베이시스위험(basis risk)이라 부른다.

선물거래로 베이시스위험이 발생하지만 현물가격이나 선물가격의 변동에 비해 베이시스 변화는 매우 작게 나타난다. 따라서 선물거래로 현물가격의 변동위험을 선물의 베이시스위험으로 전환시키는 것이다.

5. 선물가격과 기대현물가격의 관계

선물가격과 기대현물가격과의 관계에 대해 기대가설과 위험프리미엄설 등을 이용하여 살펴보고자 한다.

5.1 기대가설

기대가설은 투자자가 위험중립적인 경우 선물거래를 통해 차익거래를 얻을 수 없도록 선물가격이 현재시점에서 형성되는 만기일의 기대현물가격과 서로 일치해야 한다는 가설이다.

$$F_{0,\,T} = E(S_T)$$

여기서 $E(S_T)$ = 현재시점에서 형성되는 선물만기일의 기대현물가격

기대가설에서는 투자자가 위험회피형인 경우 위험부담에 대해 반드시 위험프리미엄을 요구한다는 사실을 고려하지 않은 문제점을 가지고 있다.

5.2 위험프리미엄 가설

기대가설과 달리 선물투자자가 위험회피형이고 선물시장에 불확실성이 존재한다고 가정하면 현재의 선물가격과 미래의 현물가격 사이에는 투자자가 요구하는 위험프리미엄만큼 차이를 보일 것이다.

(1) 정상적 백워데이션가설

헤지거래자는 현물을 보유하고 있으면 선물시장에서 매도포지션을 취하지만 투기거래자들은 위험을 감수하고 이익을 얻고자 매입포지션을 취하게 된다.

투기거래자가 매입포지션을 취하기 위해서는 현재 선물가격이 미래의 기대현물가격보다 위험프리미엄만큼 낮아야 한다는 것이다. 즉 $F_{0,\,T} < E(S_T)$의 관계가 성립하게 된다. 만기일에 가까울수록 선물가격이 점점 상승하여 기대현물가격과 일치하게 된다.

(2) 정상적 콘탱고가설

헤지거래자가 미래에 현물이 필요하면 선물시장에서 매입포지션을 취

하게 되고, 투기거래자는 매도포지션을 취하게 된다. 현재 선물가격이 미래 기대현물가격보다 위험프리미엄만큼 높게 나타나면 투기거래자가 시장에 참여하게 된다. 즉 $F_{0,T} > E(S_T)$의 관계가 성립하게 된다.

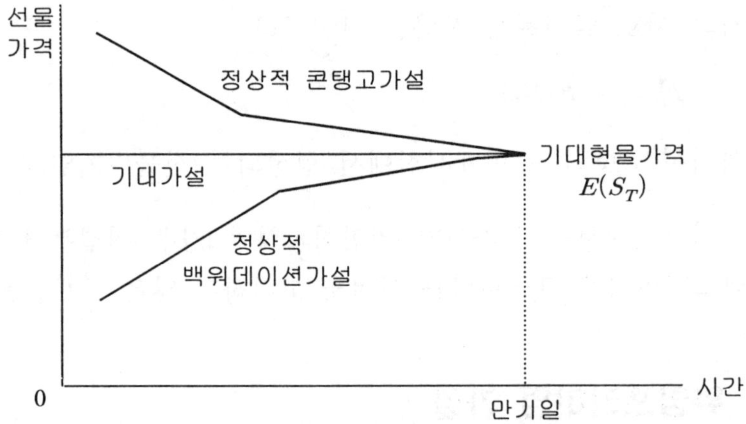

[그림 10-2] 선물가격과 기대현물의 관계

6. 선물거래전략

선물거래는 거래참가자의 참여 동기에 따라 헤지거래와 투기거래로 구분하고 있다. 이제부터 두 거래전략에 대해 살펴보고자 한다.

6.1 헤지거래

투자자가 현재 보유자산의 가격변동위험을 축소하기 위해 선물시장에서 매도포지션을 취하게 되는데 이를 헤지거래라 한다.

(1) 헤지거래의 종류

① 매입헤지와 매도헤지

투자자가 미래에 현물을 매입하고자 한다면 선물시장에서 선물매입으로 미래의 현물가격 변동위험을 줄일 수 있다. 이를 매입헤지(long hedge)라 한다.

매입헤지 이후 미래 현물가격이 상승하게 되면 현물시장에서 저가에 매입할 수 있는 기회를 상실하게 되지만 선물시장에서 이익이 발생하여 손실을 축소시킬 수 있다. 반면 현물가격이 하락하면 저가로 매입함으로써 선물거래로 인한 손실을 축소시킬 수 있다.

반대로 투자자가 현재 현물을 보유하고 있다면 선물시장에서 선물매도를 통해 미래의 현물가격 변동위험을 축소할 수 있다. 이를 매도헤지(short hedge)라 한다.

매도헤지 이후 미래 현물가격이 하락하면 현물보유로 손실이 발생하지만 선물거래로 이익이 발생하여 손실을 축소시킬 수 있다. 반면 현물가격이 상승하면 현물보유로 이익이 발생하여 선물거래로 인한 손실을 줄일 수 있다.

〈표 10-3〉 매입헤지와 매도헤지의 손익

현물가격변동	매입헤지		매도헤지	
	현물시장 (short)	선물시장 (long)	현물시장 (long)	선물시장 (short)
가격하락 시	이익	손실	손실	이익
가격상승 시	손실	이익	이익	손실

② 직접헤지와 교차헤지

직접헤지(direct hedge)는 현물시장과 동일한 상품이 선물시장에 상장되어 있는 경우 그 상품을 헤지수단으로 이용하는 경우이다. 그러나 동일 상품이 선물시장에 없거나 유동성이 크지 않을 때에는 가장 유사한 선물 상품을 헤지에 이용하게 되는데 이를 교차헤지(cross hedge)라 부른다.

(2) 헤지비율의 결정

헤지수단으로 선물거래를 하고 종류를 결정했다면 현물시장에서 발생할 위험을 헤지하기 위해 선물의 매입 또는 매도 규모를 결정해야 하는데 이것을 헤지비율이라 한다.

헤지비율은 헤지수단인 선물의 가치변동액과 헤지대상인 현물의 가치변동액의 비율로 정의하고 있다. 현물포지션의 가격변동위험을 완전히 제거하는데 필요한 선물계약수를 말한다.

다음과 같은 관계식이 성립한다.

$$\text{현물포지션의 가치변동액} = \text{선물포지션의 가치변동액}$$

다시 세분하여 정의하면 다음과 같다.

$$\begin{aligned}&\text{현물포지션수량}(Q_s) \times \text{단위현물가격변동액}(\Delta S)\\&\quad = \text{선물계약수} \times \text{계약단위}(C_s) \times \text{단위선물가격변동액}(\Delta F)\end{aligned}$$

위 식에서 선물계약수가 헤지비율이 되므로 정리하면 다음과 같다.

$$\begin{aligned}\text{헤지비율} &= \text{선물계약수}\\&= \frac{\text{현물수량}(Q_s) \times \text{단위현물가격변동액}(\Delta S)}{\text{계약단위}(C_s) \times \text{단위선물가격변동액}(\Delta F)}\end{aligned}$$

(3) 주가지수선물을 이용한 헤지

투자자가 현재 주식을 보유하고 있거나 또는 미래에 주식을 매입할 경우 주가지수선물을 이용하여 주가변동위험을 헤지할 수 있다.

주식을 보유하고 있는 경우 주가하락에 대비하여 주가지수선물을 매도하면 주가하락위험을 헤지할 수 있다. 미래에 주식을 매입할 경우 주가상승에 대비하여 주가지수선물을 매입하면 주가상승위험을 헤지할 수 있다. 즉 현물시장에 나타난 주가변동의 손익을 선물시장의 손익으로 보전하는 것이다.

① 단순헤지

단순헤지는 현물시장의 포지션과 상반되는 포지션을 선물시장에서 취하여 위험을 헤지하는 방법이다.

현물주식의 가치를 S_0, 주가지수선물 1계약의 가치를 F_0라 하면, 단순헤지전략에서 매입 또는 매도해야 하는 선물계약수(h)는 다음과 같다.

$S_0 = h \times F_0$에서

$$h = \frac{S_0}{F_0} = \frac{\text{현물주식의 가치}}{\text{주가지수선물 1계약의 가치}}$$
$$= \frac{\text{현물주식의 가치}}{\text{주가선물지수} \times \text{지수 1포인트당 가격}}$$

② 베타헤지

주식포트폴리오의 변동성과 선물지수의 변동성이 일치한다면 단순헤지전략으로 완전헤지가 가능하다. 그러나 주식포트폴리오의 변동성과 선물지수의 변동성이 일치하지 않으므로 단순헤지전략으로 완전헤지는 불가능하다.

이때는 헤지대상인 주식의 베타계수를 이용하여 선물계약수를 조정하고 헤지성과를 얻을 수 있다. 이를 베타헤지(beta hedge)라 한다.

$$h = \frac{S_0}{F_0} \times \beta_{SF} = \text{단순헤지전략의 선물계약수} \times \beta_{SF}$$

단, $\beta_{SF} = \dfrac{\text{Cov}(R_S,\ R_F)}{{\sigma_F}^2}$

$= \text{선물지수에 대한 주식포트폴리오의 민감도}$

주식포트폴리오의 베타계수가 1보다 큰 경우에는 포트폴리오의 가격변동위험을 헤지하기 위해 선물계약수를 증가시켜야 한다. 반면 포트폴리오의 베타계수가 1보다 작은 경우에는 선물계약수를 줄여도 된다.

예를 들어, 100억원의 주식포트폴리오를 관리하는 펀드매니저가 KOSPI200선물을 이용하여 1년 동안 포트폴리오를 헤지하고자 한다.

KOSPI200지수의 분산은 0.5, KOSPI200지수와 주식포트폴리오의 공분산은 0.8이다. KOSPI200지수가 80인 경우 베타계수는 1.6이 되고 선물 400계약을 매도하면 헤지가 가능해진다.

6.2 투기거래

투기거래에는 단순투기거래와 스프레드거래, 차익거래 등이 있다.

(1) 단순투기거래

한 가지 선물만 매매하는 전략으로 미래 선물가격의 상승이 예상되면 선물을 매입하고 하락이 예상되면 선물을 매도하여 이익을 얻으려는 전략이다.

예상이 적중하면 높은 수익을 기대할 수 있지만 예상과 다르면 큰 손실을 입을 수 있어 위험이 매우 높은 거래전략이다. 이런 전략을 추구하는 투기거래자는 헤지거래자의 위험을 수용하면서 시장의 유동성을 제고하는 역할을 담당하고 있다.

(2) 스프레드거래

결제월, 기초자산, 거래장소 등이 서로 다르지만 매우 밀접한 선물계약의 가격차이를 이용하여 상대적으로 고평가된 선물을 매도하고 저평가된 선물을 매입함으로써 이익을 얻고자 하는 거래를 말한다.

투기자 또는 차익거래자가 주로 참여한다. 동일상품에 대해 결제월이 다른 선물 간의 가격차이를 이용한 결제월간스프레드와 상품은 다르지만 결제월이 동일한 선물 간의 가격차이를 이용한 상품간스프레드가 있다.

① 결제월간스프레드

상품이 동일하며 만기가 다른 두 선물을 동시에 매입하고 매도하는 거래로 상품 내 또는 달력, 시간 스프레드라고도 부른다.

만기가 가까운 근월물의 가격이 만기가 먼 원월물보다 빠른 상승이 예상될 때 근월물을 매입하고 원월물을 매도하는 것을 강세스프레드 또는 매입스프레드라 한다. 반면 근월물의 가격이 원월물보다 빠른 하락이 예상될 때 근월물을 매도하고 원월물을 매입하는 것을 약세스프레드 또는 매도스프레드라 부른다.

② 상품간스프레드

모든 조건은 동일하고 기초자산만 다른 선물간의 가격차이를 이용하여 어느 한쪽을 매입하고 다른 쪽을 매도하는 거래를 말한다.

만기가 동일한 경우 두 상품 간의 가격변동이 서로 다를 것으로 예상될 때 그 차이를 이용하여 이익을 얻으려는 전략이다. 상대적으로 가격의 상승폭이 크거나 하락폭이 작을 것으로 예상되는 선물을 매입하고 반대로 상승폭이 작거나 하락폭이 클 것으로 예상되는 선물을 매도한다.

예를 들어 선물투자자가 6월경 주가상승을 예상하고 있다면 KOSPI200 선물의 6월물을 매입할 것이다. 그러나 예상하지 못한 지수하락의 가능성을 고려한다면 6월물 매입과 동시에 9월물이나 12월물을 매도하여 두 상품간스프레드 거래를 이용할 수도 있다.

(3) 차익거래

차익거래는 선물가격과 현물가격과의 일시적인 가격불균형을 이용하여 이론가격보다 높은 선물(현물)을 매도하고 동시에 낮은 가격의 현물(선물)을 매수한 이후 가격이 정상수준으로 돌아오면 반대매매를 통해 이익을 실현하는 전략이다.

실전에서는 이론가격의 정확한 산출과 거래비용 등의 전제조건들이 고려되어야 한다.

연 습 문 제

1. 선도거래와 선물거래를 서로 비교하여 설명하시오.

2. 선물거래의 종류와 선물시장의 경제적 기능에 대해 설명하시오.

3. 선물시장의 구성과 다양한 거래제도에 대해 설명하시오.

4. 선물거래의 손익과 선물가격결정의 보유비용모형에 대해 설명하시오.

5. 기대가설과 위험프리미엄설에 대해 설명하시오.

6. 매입헤지와 매도헤지, 직접헤지, 교차헤지에 대해 설명하시오.

7. 헤지비율의 의미와 관계식에 대해 설명하시오.

8. 단순헤지와 베타헤지의 의미와 관계식에 대해 설명하시오.

9. 투기거래의 의미와 단순투기거래에 대해 설명하시오.

10. 스프레드거래와 차익거래에 대해 설명하시오.

제11장

옵션거래와 옵션투자전략

옵션거래가 조직적 시장의 형태를 갖추며 활발한 거래를 보이기 시작한 것은 1973년 미국의 시카고옵션거래소에서 주식옵션이 거래되면서부터이다.

금융거래 사상 가장 빠른 성장을 거듭해 오던 옵션거래는 1982년 현물상품에 대한 옵션이 도입되고 같은 해 미국 장기국채(T-Bond)에 대한 옵션이 도입되면서 성장이 가속화되었다. 새로운 금융상품에 대한 옵션은 물론이고 선물에 대한 옵션까지 개발되어 엄청난 규모로 성장을 거듭하고 있다.

1. 옵션거래의 이해

옵션의 의미와 경제적 기능에 대해 살펴보고 콜옵션과 풋옵션 그리고 옵션거래의 종류에 대해 살펴보고자 한다.

1.1 옵션거래의 개념

옵션계약(option contract)은 정해진 시점에 미리 약정된 가격으로 특정자산을 사거나 팔 수 있는 권리가 부여된 거래를 말한다. 또한 옵션계약은 옵션거래의 기초자산과 행사가격, 행사기간 또는 만기일, 옵션가격 등으로 이루어져 있다.

옵션은 일종의 조건부 청구권이다. 특정자산을 약정한 가격으로 일정수량만큼 매입할 수 있는 권리를 콜옵션(call option)이라 하고 매도할 수 있는 권리를 풋옵션(put option)이라 한다. 옵션보유자가 권리를 행사할 수 있는 자산을 기초자산(underlying asset) 또는 옵션기준물이라 부른다.

옵션거래는 기초자산을 특정가격에 사거나 팔 수 있는 권리를 부여하고 있는데 특정가격을 옵션행사가격(excise price)이라 하며 권리를 행사할 수 있는 시점을 옵션만기일이라 한다.

중요한 특징은 거래 성립으로 옵션매도자는 계약의 의무를 부담하고 옵션매입자는 권리만 가진다는 것이다. 따라서 옵션매입자는 거래의 이행 책임을 지는 매도자에게 일정한 대가를 지불해야 하는데 이를 옵션프리미엄(option premium) 또는 옵션가격이라 부른다.

1.2 옵션거래의 종류

옵션거래는 권리의 종류, 권리의 행사시기, 기초자산에 따라 구분하고 있다.

(1) 권리의 종류에 따라

정해진 조건으로 기초자산을 살 수 있는 권리가 부여된 콜옵션과 기초자산을 팔 수 있는 권리가 부여된 풋옵션이 있다.

옵션프리미엄을 지불하고 옵션을 매입하는 사람을 옵션매입자 또는 보유자라 하고, 옵션프리미엄을 받고 옵션을 매도하는 사람을 옵션발행자 또는 옵션매도자라 부른다.

콜옵션의 경우 옵션매입자가 콜옵션을 행사하면 옵션매도자로부터 기초자산을 매입하는 효과를 가지고, 옵션매도자는 기초자산을 옵션매입자에게 매도하는 효과를 가지게 된다.

풋옵션의 경우 매입자가 옵션을 행사하면 매도자에게 기초자산을 매도하는 효과를 가지고, 매도자는 기초자산을 매입자로부터 매입하는 효과를 가지게 된다.

(2) 권리의 행사시기에 따라

미국형 옵션과 유럽형 옵션으로 구분하고 있다. 미국형 옵션은 만기일 이전에 언제든지 권리를 행사할 수 있으나 유럽형 옵션은 만기일이나 만기일 직전에만 권리를 행사할 수 있다.

미국식 옵션은 권리를 행사할 수 있는 기회가 유럽식 옵션보다 많기 때문에 가격이 유럽식 옵션보다 비싸게 거래된다.

(3) 기초자산에 따라

기초자산이 현물인 현물옵션과 선물인 선물옵션이 있는데 구분하는 이유는 옵션가격의 산정방법이 다르기 때문이다.

또한 기초자산의 종류에 따라 상품옵션과 금융옵션으로 구분하고 있다. 금융옵션은 주식옵션과 비주식옵션으로 구분하며, 비주식옵션은 지수옵션, 통화옵션, 금리옵션, 선물옵션으로 구분하고 있다.

1.3 옵션거래의 기능

옵션의 경제적 기능은 위험헤지, 투자의 레버리지, 새로운 금융상품의 창조, 위험한정 등 네 가지로 정리할 수 있다.

기초자산의 매입이나 공매로 인해 발생하는 가격변동위험을 옵션거래로 제거하거나 줄일 수 있다. 기초자산을 매입하거나 보유하는 경우 콜옵션 매도 또는 풋옵션 매입으로 기초자산의 가격변동위험을 제거하거나 줄일 수 있다. 이것을 옵션의 위험헤지기능이라 부른다.

옵션은 기초자산에 비해 가격이 훨씬 적은 반면 기초자산을 거래하는 것과 비슷한 손익을 주기 때문에, 옵션거래는 수익률을 확대시킬 수 있는 레버리지 효과가 있다.

옵션을 다른 옵션이나 기초자산과 결합하면 새로운 형태로 이익을 실현할 수 있는 금융상품을 만들 수 있다. 옵션보유자는 기초자산의 가격이 불리하게 변동할 경우 권리행사를 포기할 수 있어 손실액을 옵션가격으로 한정시킬 수 있다.

2. 만기일의 옵션가치

기초자산이 주식이고 만기일에만 권리행사가 가능한 유럽형 옵션을 가정하여 만기일 콜옵션과 풋옵션의 가치를 살펴보자.

2.1 콜옵션의 가치

콜옵션 보유자는 행사가격으로 주식을 매입할 수 있는 권리를 가지기 때문에 만기일의 시장가격(S_T)이 행사가격(X)보다 높으면 시장가격과 행사가격의 차이만큼 이익을 얻을 수 있다.

주식의 시장가격이 상승할수록 콜옵션 매입의 가치는 증가하게 된다. 반면 시장가격이 행사가격보다 낮은 경우에는 매입자가 권리를 행사하면 손실이 발생하므로 권리를 포기하게 되어 옵션의 가치는 0이 된다.

콜옵션 매입의 가치 : $S_T - X > 0$이면 $S_T - X$
$S_T - X \le 0$이면 0

콜옵션 매입자가 권리를 행사하기 위해서는 콜옵션 매입에 필요한 프리미엄(C)을 지급해야 하므로 콜옵션 매입자의 순이득은 옵션 매입에 사용된 프리미엄만큼 차감해야 한다.

콜옵션 매입의 순이득 : $S_T - X > 0$이면 $S_T - X - C$
$S_T - X \le 0$이면 $-C$

콜옵션 매도자는 콜옵션 매입자와 정반대이다. 시장가격이 행사가격보다 낮으면 콜매입자의 권리행사가 없으므로 0의 가치를 가진다. 그러나 시장가격이 행사가격보다 상승하게 되면 콜옵션 매입자는 매도를 요구하게 되므로 시장가격이 상승할수록 매도자는 행사가격과의 차이만큼 손실을 보게 된다.

콜옵션 매도의 가치 : $S_T - X > 0$이면 $-(S_T - X)$
$S_T - X \le 0$이면 0

콜옵션 매도자는 콜옵션을 매도하면서 프리미엄(C)만큼 수입을 얻게 되므로 수입을 차감한 순이득은 프리미엄을 감안해야 한다.

콜옵션 매도의 순이득 : $S_T - X > 0$이면 $-(S_T - X) + C$
$S_T - X \le 0$이면 C

〈표 11-1〉 콜옵션 거래의 손익

	콜옵션매입		콜옵션매도	
	$S_T < X$	$S_T \ge X$	$S_T < X$	$S_T \ge X$
만기일의 가치	0	$S_T - X$	0	$-(S_T - X)$
+콜옵션 가격	$-C$	$-C$	C	C
콜옵션의 순익	$-C$	$S_T - X - C$	C	$-(S_T - X) + C$

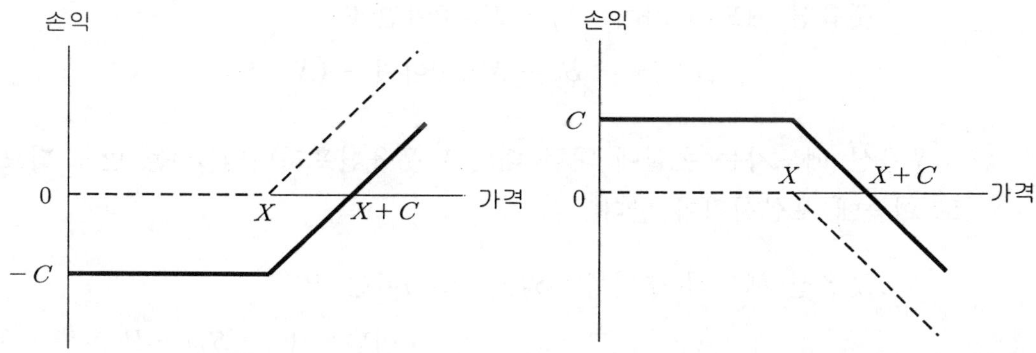

(a) 콜옵션 매입의 손익 (b) 콜옵션 매도의 손익

[그림 11-1] 콜옵션 매입 · 매도의 손익

2.2 풋옵션의 가치

풋옵션 보유자는 만기일에 약정된 가격으로 매도할 수 있는 권리를 가진다. 만기일 시장가격이 행사가격보다 낮을 경우 옵션을 행사하면 시장가격보다 높은 가격으로 매도할 수 있기 때문에 이득을 얻을 수 있다. 반면 시장가격이 행사가격보다 높은 경우에는 옵션을 행사하지 못하므로 풋옵션 가치는 0이 된다.

풋옵션 매입의 가치 : $S_T - X > 0$이면 0
$S_T - X \leq 0$이면 $X - S_T$

풋옵션 매입자가 권리를 행사하기 위해서는 풋옵션 매입에 필요한 프리미엄(P)을 지불해야 한다.

풋옵션 매입의 순이득 : $S_T - X > 0$이면 $-P$
$S_T - X \leq 0$이면 $X - S_T - P$

풋옵션 매도자는 매입자와 정반대이다. 시장가격이 행사가격보다 높으면 풋옵션 매입자가 권리행사를 못하므로 가치가 0이 되고, 행사가격이 시장가격보다 높으면 매입자의 권리행사로 인해 손실을 보게 된다. 주가하락이 클수록 손실이 커진다.

$$\text{풋옵션 매도의 가치}: S_T - X > 0\text{이면 } 0$$
$$S_T - X \le 0\text{이면 } -(X - S_T)$$

풋옵션 매도자는 손실에 대한 대가로 풋옵션프리미엄(P)을 받게 되므로 이득에 포함시켜야 한다.

$$\text{풋옵션 매도의 순이득}: S_T - X > 0\text{이면 } P$$
$$S_T - X \le 0\text{이면 } -(X - S_T) + P$$

〈표 11-2〉 풋옵션 거래의 손익

	풋옵션 매입		풋옵션 매도	
	$S_T < X$	$S_T \ge X$	$S_T < X$	$S_T \ge X$
만기일의 가치 +풋옵션 가격	$X - S_T$ $-P$	0 $-P$	$-(X - S_T)$ P	0 P
풋옵션의 순익	$X - S_T - P$	$-P$	$-(X - S_T) + P$	P

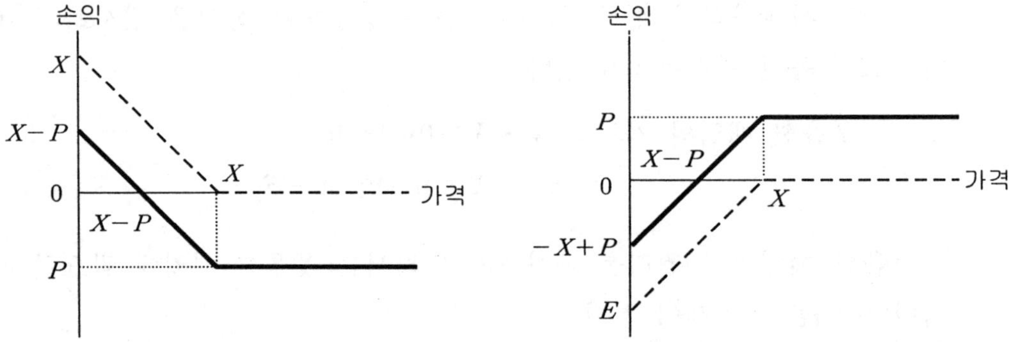

(a) 풋옵션 매입의 손익 (b) 풋옵션 매도의 손익

[그림 11-2] 풋옵션의 매입 · 매도 손익

3. 풋-콜 패리티

기초자산, 만기, 행사가격이 모두 동일한 콜옵션과 풋옵션의 가격은 균형시장에서 일정한 관계를 갖는다. 이를 풋-콜 패리티(put-call parity)라 부른다.

3.1 풋-콜 패리티의 도출

풋-콜 패리티는 주식과 콜옵션 및 풋옵션을 적절히 결합하면 무위험 헤지포트폴리오를 구성할 수 있는데, 균형시장에서 포트폴리오의 수익률이 무위험이자율과 동일해야 한다.

풋-콜 패리티의 구성은 주식 1주와 만기 및 행사가격이 같은 풋옵션을 1개 매입하고 콜옵션을 1개 매도하여 얻을 수 있다.

〈표 11-3〉 풋-콜 패리티의 수익

포트폴리오의 구성	만기 시의 수익	
	$S<X$일 경우	$S>X$일 경우
주식매입(S)	S	S
콜옵션 발행($-C$)	0	$-(S-X)$
풋옵션 매입(P)	$X-S$	0
$S+P-C$	X	X

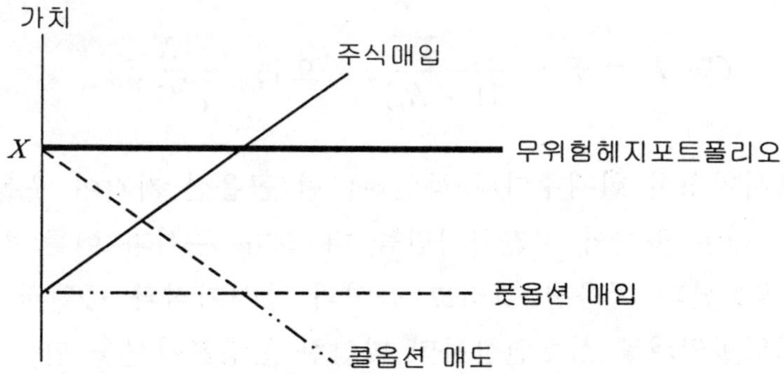

[그림 11-3] 풋-콜 패리티

이 포트폴리오는 만기일 주가와 관계없이 항상 X의 가치를 가지므로 무위험헤지포트폴리오라 부른다. 균형시장에서는 이 포트폴리오의 수익률이 무위험이자율과 동일해야 한다.

균형시장에서 이 포트폴리오의 현재가치 $S+P-C$가 만기일가치 X를 무위험이자율로 할인한 현재가치와 동일해야 한다. 다음 관계가 성립한다.

$$S+P-C=\frac{X}{(1+R_f)^T} \quad \text{또는} \quad \frac{X}{e^{R_f \cdot T}} \tag{11-1}$$

식 (11-1)은 균형시장에서 차익거래가 발생하지 않도록 콜옵션과 풋옵션의 가격 사이에 균형관계를 의미한다. 이 균형관계가 성립하지 않으면 차익거래가 발생하고 이 과정을 거쳐 시장은 다시 균형상태로 회귀한다.

3.2 풋-콜 패리티의 의미

기초자산과 행사가격, 만기일이 동일하므로 콜옵션이나 풋옵션의 가격 중에서 하나만 알면 다른 가격은 풋-콜 패리티를 이용해 구할 수 있다. 따라서 콜옵션 가격을 알면 풋옵션 가격은 식 (11-1)을 이용하여 다음과 같이 구할 수 있다.

$$P=C-S+\frac{X}{(1+R_f)^T} \quad \text{또는} \quad \frac{X}{e^{R_f \cdot T}} \tag{11-2}$$

$$C-P=S-\frac{X}{(1+R_f)^T} \quad \text{또는} \quad \frac{X}{e^{R_f \cdot T}} \tag{11-3}$$

행사가격이 현재주가와 동일하다면 콜옵션 가격이 풋옵션보다 행사가격에 대한 화폐의 시간가치만큼 더 크다. 주식과 이를 기초자산으로 하는 콜옵션과 풋옵션 그리고 옵션의 행사가격과 동일한 액면가를 갖는 무위험할인채를 상호결합하면 다양한 합성포지션을 만들 수 있다.

식 (11-2)의 우변은 주식을 1주 공매하고 이를 기초자산으로 하는 콜옵션과 무위험할일채를 매입하여 구성한 포트폴리오이다. 이 포트폴리오는 풋옵션은 아니지만 풋옵션을 매입할 때와 동일한 성과가 나타나므로 합성풋이 된다. 풋-콜 패리티를 이용하면 이런 방법으로 다양한 합성포지션을 만들 수 있다.

〈표 11-4〉 풋-콜 패리티를 이용한 합성포지션

합성포지션	풋-콜 패리티	구 성 방 법
합 성 주 식	$S = C - P + PV(X)$	콜옵션매입, 풋옵션매도, 무위험할인채 매입
합 성 콜	$C = S + P - PV(X)$	주식매입, 풋옵션매입, 무위험할인채 공매
합 성 풋	$P = C - S + PV(X)$	콜옵션매입, 주식공매, 무위험할인채 매입
합성무위험 할인채	$X \cdot B(T) = S + P - C$	주식매입, 풋옵션매입, 콜옵션매도
합 성 방 비 콜	$S - C = PV(X) - P$	무위험할인채매입, 풋옵션매도
합 성 보 호 적 풋	$S + P = PV(X) + C$	무위험할인채매입, 콜옵션매입

4. 옵션투자전략

여러 금융상품과 비교해 볼 때 옵션의 장점은 기초자산이나 다양한 옵션을 결합하여 수많은 투자전략을 구사하는 것이다. 옵션투자는 헤지거래와 투기거래로 구분하고 있다. 헤지거래는 정태적 헤지와 동태적 헤지로 나누고, 투기거래는 스프레드, 콤비네이션, 합성포지션으로 나누고 있다.

4.1 헤지거래

기준물과 옵션을 결합하여 기준물에서 발생할 수 있는 손실을 옵션의 이익으로 보전하거나 옵션에서 발생할 수 있는 손실을 기준물의 이익으로 보전하는 전략이다. 이러한 전략을 정태적 헤지라 한다. 이 전략을 이용하여 목표한 결과를 얻기 위해서는 옵션의 계약수를 탄력적으로 조절하여 헤지의 성과를 달성하고자 하는 동태적 헤지 전략이 필요하다.

(1) 정태적 헤지

정태적 헤지의 가장 대표적인 투자전략은 기준물을 보유한 상태에서 이용할 수 있는 보증된 콜과 보호적 풋이 있다.

① 보증된 콜

기준물을 보유한 상태에서 콜옵션을 매도하는 전략이다. 보증된 콜(covered call)을 이용하면 기준물의 가격하락으로 발생하는 손실을 콜옵션 매도를 통해 보전할 수 있으며, 기준물의 가격상승으로 발생한 이익은 콜옵션 매도로 인한 손실을 줄일 수 있어 일정한 이익을 얻을 수 있다. 따라서 보증된 콜은 주가가 상승할 경우 이익은 작지만, 주가가 하락할 경우 손실을 줄이는 효과가 있다.

보증된 콜은 상승장세의 경우 기준물의 매입포지션에서 발생하는 이익을 일정 수준으로 제한시키면서 기준물의 가격하락에 따른 손실을 일정 부분 헤지하는 전략이다. 기준물의 가격변동이 크지 않을 것으로 예상될 때 유용한 헤지전략이다.

〈표 11-5〉 보증된 콜의 손익

	$S_T < X$	$S_T \geq X$
주식매입의 손익 콜옵션매도의 손익	$S_T - S$ $0 + C$	$S_T - S$ $-(S_T - X) + C$
보증된 콜의 손익	$S_T - S + C$	$X - S + C$

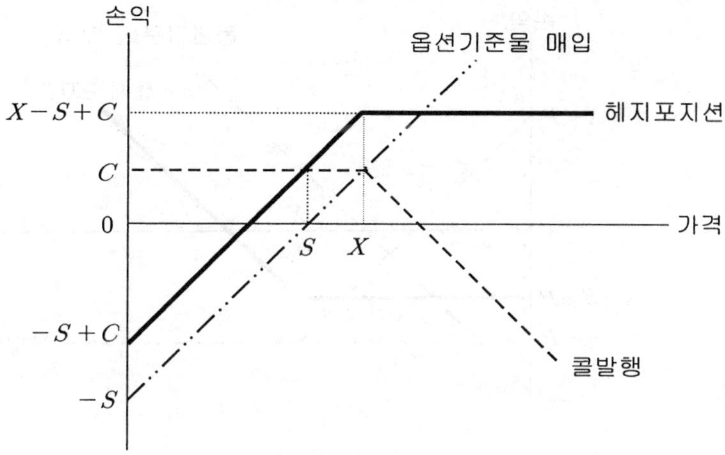

[그림 11-4] 보증된 콜

② 보호적 풋

보호적 풋(protective put)은 기준물 매입과 동시에 풋옵션을 매입하므로 약세시장에서 기준물의 가격하락으로부터 보호받으면서 강세시장에서 기준물의 가격상승으로 이익을 얻을 수 있다.

약세시장의 경우 풋옵션을 행사함으로써 기준물의 가격하락에 따른 손실을 일정 수준으로 고정시킬 수 있다. 강세시장의 경우에는 옵션프리미엄을 차감한 만큼 이익이 감소할 뿐 기준물의 가격상승효과를 그대로 얻을 수 있다.

재난 발생에 대비하는 보험과 유사한 효과를 지니고 있어 포트폴리오 보험이라 부르기도 한다.

〈표 11-6〉 보호적 풋의 손익

	$S_T < X$	$S_T \geq X$
주식매입의 손익 풋옵션매입의 손익	$S_T - S$ $X - S_T - P$	$S_T - S$ $0 - P$
보호적 풋의 손익	$X - S - P$	$S_T - S - P$

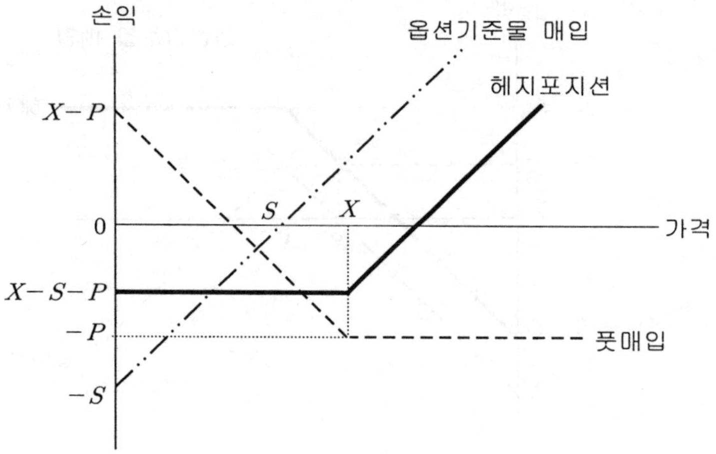

[그림 11-5] 보호적 풋

(2) 동태적 헤지

대표적인 동태적 헤지전략으로는 델타헤지와 포트폴리오보험이 있다.

① 델타헤지

기준물 가격이 상승하면 콜옵션 가격이 증가하고 풋옵션 가격은 감소한다. 이와 같이 기준물 가격의 변동과 이에 상응하는 옵션가격의 변화를 나타내는 수치가 델타이다.

델타를 수식으로 나타내면 다음과 같다.

$$델타 = \frac{옵션가격의\ 변화분}{옵션기준물가격의\ 변화분}$$

손익이 서로 상쇄하도록 주식포트폴리오와 옵션의 비율을 지속적으로 조정하여 일정 기간 주가변동에 영향을 받지 않도록 포트폴리오를 구성하는 방법을 델타헤지(delta hedge)라 한다. 헤지포트폴리오의 델타는 0이므로 델타헤지는 포트폴리오의 델타를 0으로 유지하도록 포지션을 조정하는 것이다.

사례 콜옵션의 델타가 0.5라 하면 주가지수가 1단위 변화했을 때 옵션가격은 50%만큼 변하는 것을 의미한다. 현재 KOSPI200지수가 80일 때 주식포트폴리오를 1억원 매수했다면 적정 옵션매도 계약수를 산출하는 식은 다음과 같다.

$$\text{옵션계약수(보증된 콜매도 혹은 보호적 풋 매수)}$$
$$= \text{포트폴리오베타}(\beta_p) \times \frac{\text{포트폴리오가치}}{\text{지수가치}} \times \frac{1}{\text{델타}}$$
$$= 1 \times \frac{\text{1억원}}{80.00 \times 100{,}000\text{원}} \times \frac{1}{0.5} = 25$$

여기서 1/델타를 헤지비율(hedge ratio)이라 한다.

델타헤지 전략은 약세장세에서 주식포트폴리오의 가치가 하락하더라도 옵션에서 이익이 생겨 전체포트폴리오의 가치는 변화가 없다. 그러나 델타는 시간이 따라 변하기 때문에 지속적으로 헤지비율을 조정해야 한다.

보호적 풋 매수를 통해 델타헤지할 경우, 강세시장에서는 풋의 델타가 증가하므로 헤지비율을 낮추고, 약세시장에서는 헤지비율을 높이면서 헤지효과를 극대화해야 한다.

보증된 콜 매도를 통해 델타헤지할 경우, 급격한 변동장세에서는 손실이 발생하지만 만기가 가까울수록 이익이 증가하는 작용을 한다. 상승장세에서 콜옵션의 델타가 증가하므로 헤지비율을 낮추고, 하락장세에서는 헤지비율을 높여 헤지효과를 극대화할 수 있다.

② 포트폴리오보험

1980년대 러랜드와 루빈스타인(미국)에 의해 제안되었으며 선물을 이용하여 포트폴리오의 가치를 일정 수준으로 유지하면서 상승장세에서 상승효과를 얻고자 하는 운용전략이다. 선물계약수를 조정하여 합성포트폴리오보험을 만드는 데 목적이 있다.

포트폴리오보험은 〈주식포트폴리오 매수 + 주가지수선물 매도 = 보호적 풋옵션 매수〉의 효과를 기대하고 있다. 하락장세에서는 선물매도를 늘려 주식포트폴리오의 손실을 선물의 이익으로 상쇄하고, 상승장세에서는 선물매도를 청산하여 주식포트폴리오에서 발생하는 이익을 유지하려는 전략이다.

4.2 스프레드거래

행사가격이나 또는 만기일이 서로 다른 옵션을 1개는 매입하고 다른 1개는 매도하는 전략이다. 두 옵션의 가격차이를 스프레드라 부른다.

스프레드거래는 시장가격이 예상대로 움직이는 경우 이익을 얻고 예상과 다를 경우 손실을 줄이려는 전략이다. 사용되는 옵션형태에 따라 콜스프레드와 풋스프레드로 구분하고 옵션구성방법에 따라 수직스프레드, 수평스프레드, 나비형스프레드로 구분하고 있다.

(1) 수직스프레드

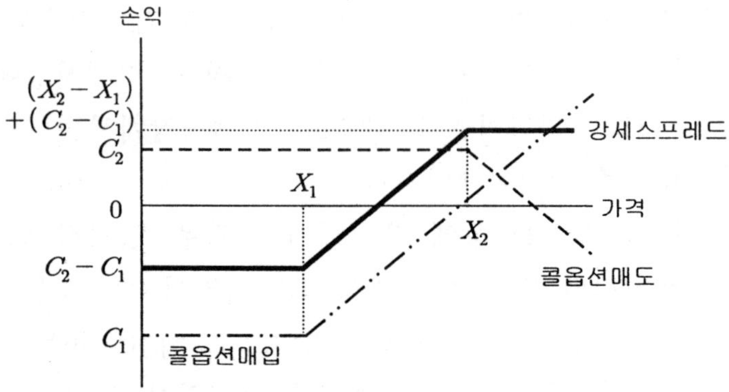

(a) 콜옵션 이용 시

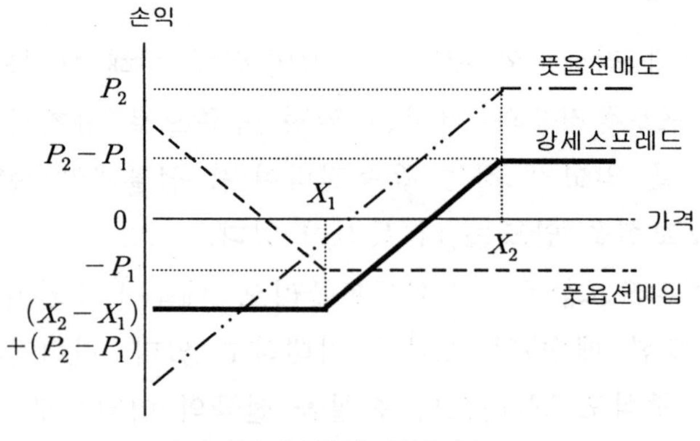

(b) 풋옵션 이용 시

[그림 11-6] 수직강세스프레드의 손익

옵션을 매입하고 모든 조건은 동일하고 행사가격만 다른 옵션을 매도하는 전략으로 가격스프레드(price spread)라고도 한다. 수직스프레드(vertical spread)는 수직강세스프레드와 수직약세스프레드로 구분하고 있다.

수직강세스프레드는 행사가격이 낮은 옵션을 매입하고 높은 옵션을 매도하는 전략으로 강세시장에서 이익을 얻는 전략이다. 콜옵션의 경우 행사가격이 낮은 콜옵션의 행사로 얻는 이익이, 행사가격이 높은 콜옵션의 행사로 인해 발생하는 손실보다 더 크기 때문에 이익을 얻을 수 있다. 약세시장에서는 두 콜옵션 모두 행사가치가 발생하지 않으므로 스프레드거래는 손실이 생긴다.

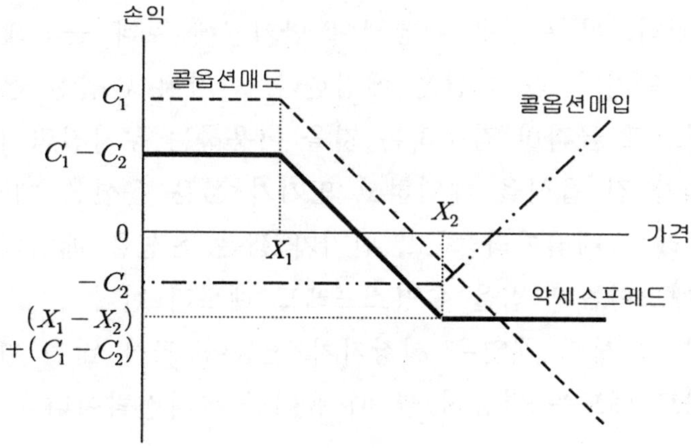

(a) 콜옵션 사용시

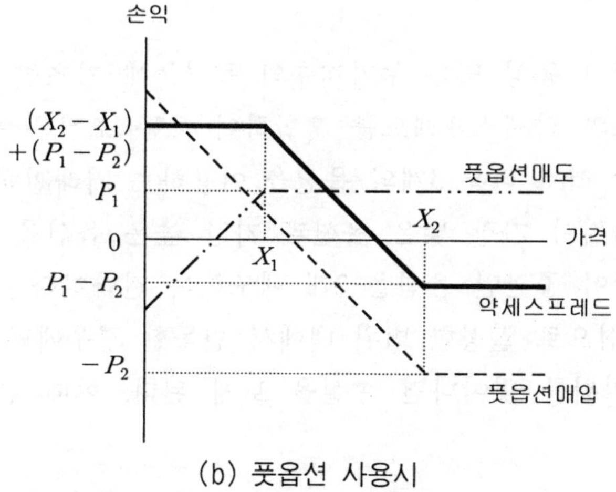

(b) 풋옵션 사용시

[그림 11-7] 수직약세스프레드의 손익

수직약세스프레드는 수직강세스프레드와 반대로 행사가격이 낮은 옵션을 매도하고 행사가격이 높은 옵션을 매입하는 전략이다. 약세시장에서 이익을 얻을 수 있다.

(2) 수평스프레드

만기의 차이를 이용하는 전략으로 모든 조건은 동일하고 만기만 다른 옵션을 1개 매입하고 다른 1개는 매도하기 때문에 시간스프레드(time spread)라 부르기도 한다.

옵션의 시간가치는 만기일이 가까울수록 가치가 급속히 감소하는 특성이 있다. 이 특성을 이용하여 만기일에 보다 근접해 있는 옵션을 매도하고 만기가 긴 옵션을 매입한다. 만기에 근접한 옵션의 시장가격이 상대적으로 급격히 감소하는 것을 이용하는 투자전략이다.

만기가 긴 옵션을 매입하고 만기가 짧은 옵션을 매도하는 전략을 수평스프레드 매입이라 하고, 만기가 짧은 옵션을 매입하고 만기가 긴 옵션을 매도하는 방법을 수평스프레드 매도라 한다.

수평스프레드 매입은 시장가치 변동이 크지 않을 때 유리하고, 수평스프레드 매도는 변동이 클 때 유리한 투자전략이다.

(3) 나비형스프레드

시장의 변동성 또는 주가지수의 등락폭에 기초한 투자전략이다. 강세스프레드와 약세스프레드를 혼합하여 모든 조건은 동일한 상황에서 행사가격만 서로 다른 3개의 옵션을 이용하는 거래전략이다.

행사가격이 가장 낮은 옵션과 가장 높은 옵션을 각 1개씩 매입하고 행사가격이 중간인 옵션을 2개 매도하는 전략이다. 주가가 중간 행사가격을 중심으로 일정한 범위 내에서 변동할 경우에만 이익을 얻을 수 있고 이 범위를 벗어나면 손실을 보게 된다. 이때 손실범위는 제한되어 있다.

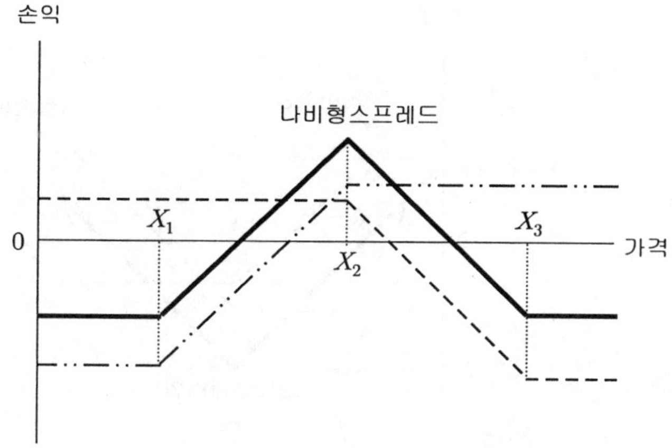

[그림 11-8] 나비형스프레드 매입의 손익

4.3 콤비네이션

기준물이 동일한 콜옵션과 풋옵션을 동시에 매입하거나 매도하는 전략이다. 시장가격의 방향성에 기초한 수직스프레드거래와 달리 변동성의 크기에 대한 전망을 기초한 전략이다.

스프레드에서는 1개 옵션을 매입 · 매도하지만, 콤비네이션(combination)은 2개 이상의 옵션을 동시에 매입하든지 매도한다. 대표적 전략으로는 스트래들(straddle), 스트립(strip), 스트랩(strap), 스트랭글(strangle) 등이 있다.

(1) 스트래들

동일한 기준물에 대해 만기일과 행사가격이 같은 콜옵션과 풋옵션을 이용하는 전략이다. 옵션 두 개를 동시에 매입하는 것을 스트래들매입이라 하고, 동시에 매도하는 것을 스트래들매도라 한다.

스트래들매입의 경우 주가가 행사가격을 중심으로 변동폭이 두 옵션의 프리미엄 합보다 크게 변동하면 이익을 얻을 수 있으나 변동폭이 작을 때에는 손실을 보게 된다. 손실액은 두 옵션의 프리미엄 합이다.

스트래들매입은 변동폭이 클수록 이익이 커지므로 방향성은 예측할 수 없으나 변동폭이 클 것으로 예상될 때 유용한 전략이다.

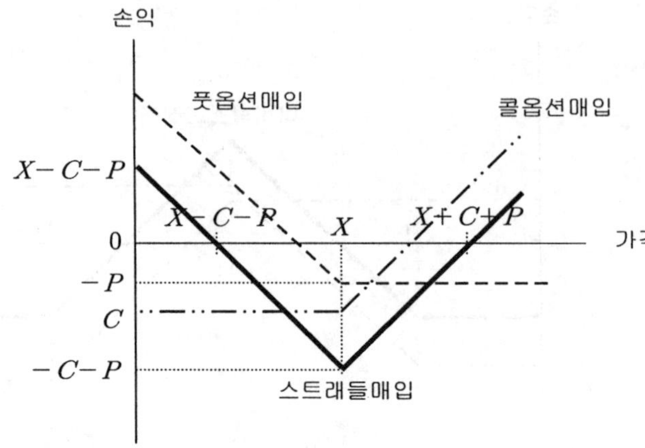

(a) 스트래들매입

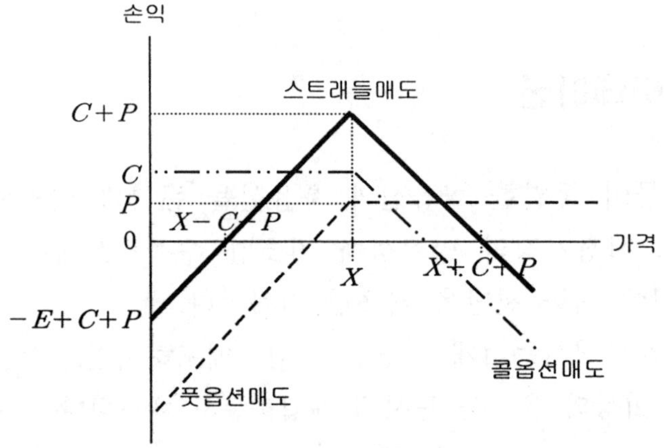

(b) 스트래들매도

[그림 11-9] 스트래들의 손익

(2) 스트립과 스트랩

스트립과 스트랩은 스트래들을 약간 변형한 형태로 풋과 콜의 결합비율을 조절하는 것이다.

스트랩은 강세시장에서 큰 폭의 이익을 얻고자 콜옵션을 더 많이 매입하는 것이 바람직하므로 한 개의 풋옵션과 두 개의 콜옵션을 매입하는 전략이다.

스트립은 약세시장이 예상될 때 큰 폭의 이익을 위해 풋옵션을 더 많이 매입하는 것이 바람직하므로 한 개의 콜옵션과 두 개의 풋옵션을 매입하는 전략이다.

스트랩매입은 약세시장에서 스트래들매입과 동일한 이익이 발생하지만, 상승장세에서 기울기가 스트래들보다 커 이익이 더 크게 나타난다.

스트립매입은 강세시장에서 스트래들매입과 동일한 이익이 발생하지만, 하락장세에서 기울기가 스트래들보다 커 이익이 더 크게 나타난다.

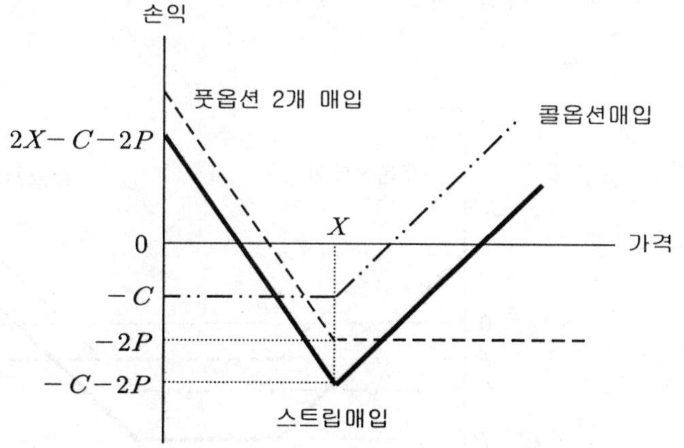

(a) 스트립매입

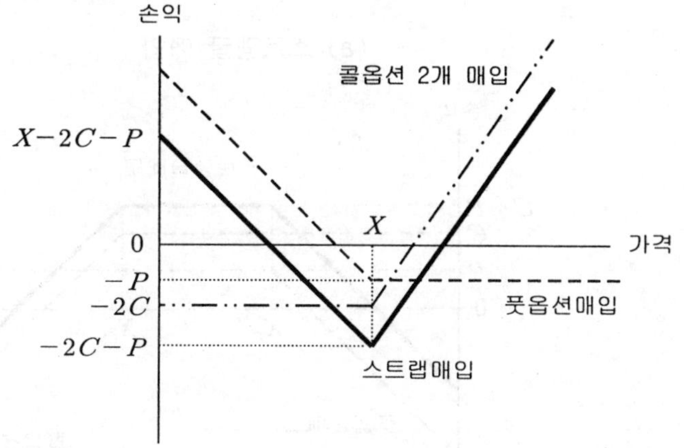

(b) 스트랩매입

[그림 11-10] 스트립매입과 스트랩매입의 손익

(3) 스트랭글

스트래들의 변형으로 만기일은 같으나 행사가격이 다른 콜옵션과 풋옵션을 동시에 매입 또는 매도하는 전략이다.

스트랭글매입은 행사가격이 낮은 풋옵션과 행사가격이 높은 콜옵션을 동시에 매입하는 것이다. 스트랭글매도는 행사가격이 낮은 풋옵션과 행사가격이 높은 콜옵션을 동시에 매도하는 것을 말한다.

스트랭글매입은 변동폭이 클 때 이익을 얻으며, 스트랭글매도는 변동폭이 작을 때 이익을 얻을 수 있다.

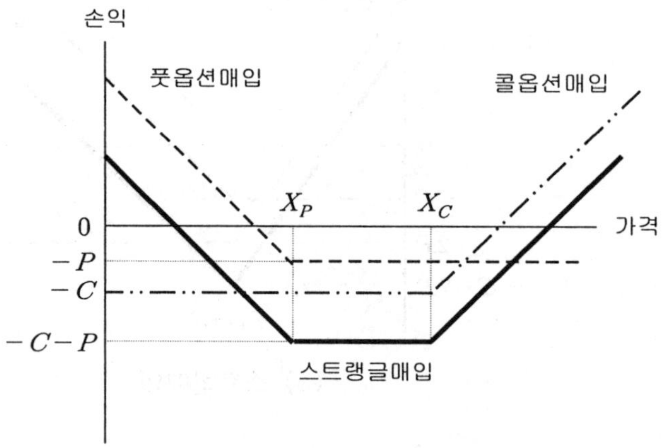

(a) 스트랭글 매입

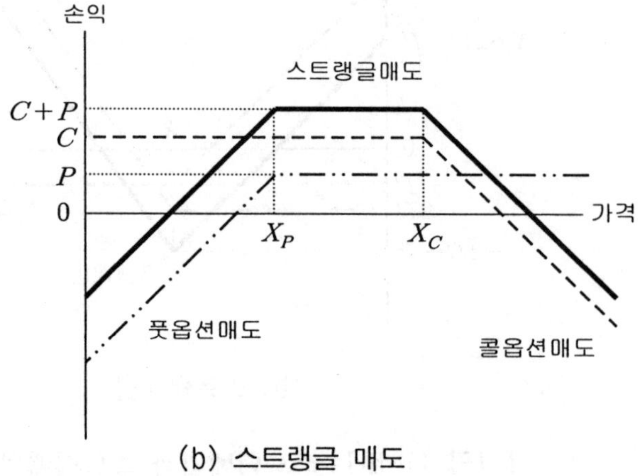

(b) 스트랭글 매도

[그림 11-11] 스트랭글의 손익

4.4 합성포지션

행사가격과 만기가 동일한 콜옵션과 풋옵션을 결합하면 선물포지션을 얻을 수 있다. 옵션과 다른 옵션을 결합하거나 옵션과 선물을 결합함으로써 새로운 종류의 옵션 또는 선물과 동일한 포지션을 만들 수 있는데 이를 합성포지션(synthetic position)이라 한다.

(1) 합성옵션

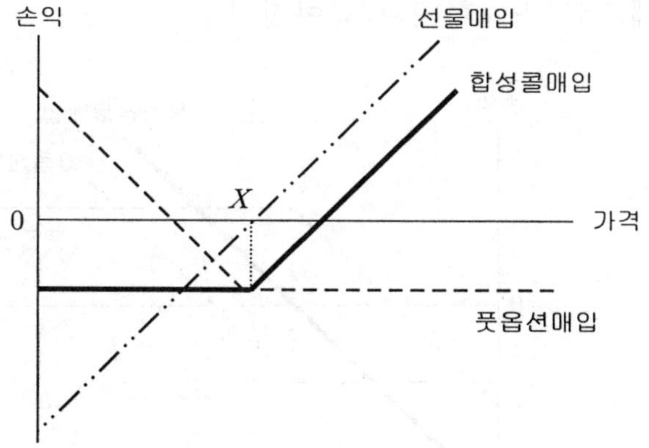

(a) 합성콜 매입

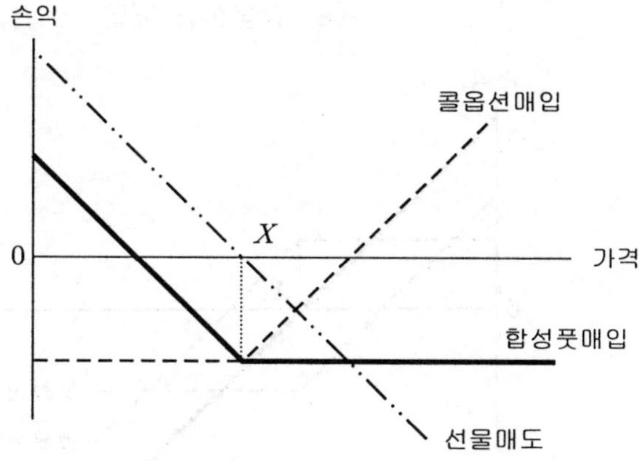

(b) 합성풋 매입

[그림 11-12] 합성옵션의 손익

옵션기준물과 콜옵션을 결합하면 풋옵션을 합성할 수 있고 기준물과 풋옵션을 결합하면 콜옵션을 합성할 수 있다. 이처럼 기준물과 옵션을 결합하여 다른 옵션과 동일한 손익형태를 만드는 전략을 합성옵션(synthetic option)이라 부른다.

(2) 합성선물

행사가격과 만기가 동일한 콜옵션과 풋옵션을 결합하여 선물과 동일한 손익형태를 만드는 전략이다. 콜옵션을 매입하고 풋옵션을 매도하면 선물매입과 손익형태가 동일해지고 콜옵션을 매도하고 풋옵션을 매입하면 선물매도의 손익형태와 같아진다.

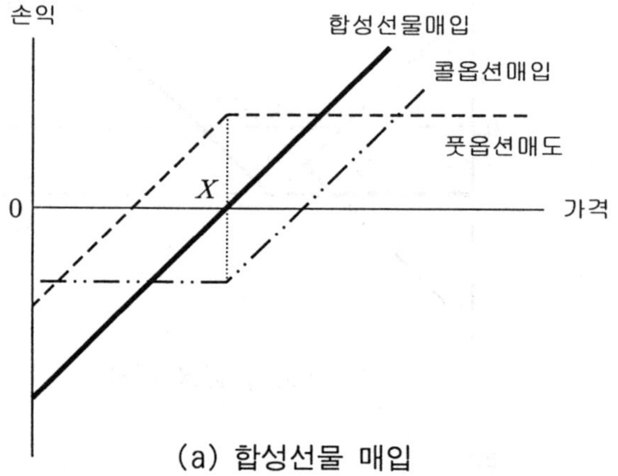

(a) 합성선물 매입

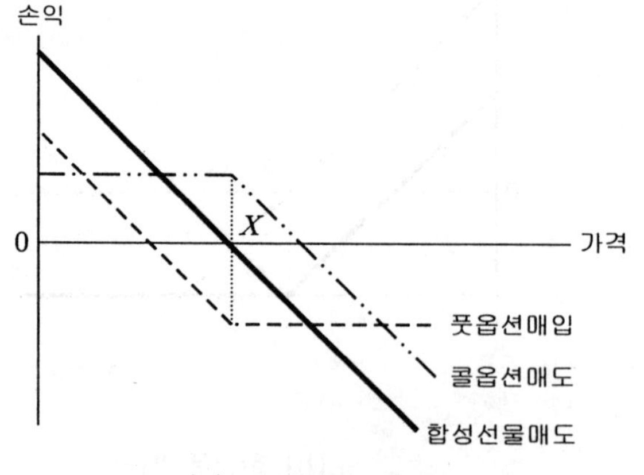

(b) 합성선물 매도

[그림 11-13] 합성선물의 손익

4.5 옵션거래전략의 정리

옵션을 이용한 투자전략은 매우 다양하여 투자자들은 자신이 원하는 형태의 이익을 실현할 수 있도록 거래전략을 수립할 수 있다. 투자전략은 기초자산의 방향성과 기초자산의 변동성에 대한 예상에 따라 달라진다.

상승장세가 예상되는 경우 콜옵션매입, 풋옵션매도, 수직강세스프레드 등의 전략을 구사하는 것이 유리하며, 하락장세가 예상되는 경우 콜옵션매도, 풋옵션매입, 수직약세스프레드 등을 이용하는 것이 바람직하다.

방향성과 무관하게 변동성이 클 경우에는 스트레들매입과 스트랭글매입 등의 전략을 사용하는 것이 유리하다. 변동성이 작을 것으로 예상될 때에는 나비형스프레드, 스트래들매도, 스트랭글매도 등의 전략이 바람직하다.

연 습 문 제

1. 콜옵션과 풋옵션 그리고 옵션프리미엄에 대해 설명하시오.

2. 옵션거래의 경제적 기능에 대해 설명하시오.

3. 콜옵션 매입과 매도 그리고 풋옵션 매입과 매도의 가치에 대해 설명하시오.

4. 풋-콜 패리티의 의의 및 도출과정에 대해 설명하시오.

5. 정태적 헤지의 대표적인 보증된 콜과 보호적 풋에 대해 설명하시오.

6. 동태적 헤지전략의 델타헤지와 포트폴리오보험에 대해 설명하시오.

7. 스프레드거래를 수직스프레드, 수평스프레드, 나비형스프레드로 구분하여 설명하시오.

8. 콤비네이션의 개념과 스트래들, 스트립, 스트랩, 스트랭글에 대해 설명하시오.

9. 합성옵션의 손익과 합성선물의 손익에 대해 설명하시오.

10. 옵션투자를 상승장세와 하락장세에 따른 방향성과 변동성이 큰 경우와 작은 경우로 구분하여 적절한 투자전략에 대한 설명하시오.

제12장

옵션가격결정모형

옵션가격은 내재가치와 시간가치로 구성되어 있으며 옵션가격은 현재주가, 행사가격, 가격변동성, 잔존기간, 무위험이자율, 배당 등의 요인들에 의해 결정된다. 옵션의 가격범위는 콜옵션과 풋옵션으로 구분하여 살펴보고 가격결정모형에서는 이항옵션가격결정모형과 블랙·숄즈의 옵션가격결정모형에 대해 살펴보도록 한다.

1. 옵션가격의 구성

옵션가격의 내재가치와 시간가치 그리고 콜옵션가격 및 풋옵션가격의 구성에 대해 살펴보고자 한다.

1.1 내재가치와 시간가치

옵션가격은 내재가치(intrinsic value)와 시간가치(time value)로 구성되어 있다. 옵션의 내재가치는 옵션행사로 얻게 되는 가치로서 본질적 가치 또는 행사가치라 부르며 기준물의 가격과 행사가격에 의해 결정된다.

옵션을 행사하여 이익을 얻을 수 있는 내재가치를 얼마나 가지고 있는가에 따라 옵션은 내가격상태(In-The-Money : ITM), 등가격상태(At-The-Money : ATM), 외가격상태(Out-of-The-Money : OTM)로 구분한다.

내가격상태는 옵션을 행사하여 이익을 얻을 수 있는 상태로 콜옵션은 기준물의 현재가격이 행사가격보다 클 때, 풋옵션은 행사가격보다 작을 때 내가격상태에 있게 된다.

등가격상태는 옵션을 당장 행사하면 손익이 없는 상태로 콜옵션과 풋옵션 모두 현재가격이 행사가격과 같을 경우 등가격상태에 있게 된다.

외가격상태는 옵션을 행사하면 손실을 보는 상태로 콜옵션은 현재가격이 행사가격보다 작을 때 풋옵션은 행사가격보다 클 때 외가격상태에 있게 된다.

〈표 12-1〉 옵션의 상태

옵션의 상태	콜옵션	풋옵션
내가격(ITM)상태	$S > X$	$S < X$
등가격(ATM)상태	$S = X$	$S = X$
외가격(OTM)상태	$S < X$	$S > X$

옵션의 시간가치는 만기일까지 옵션으로 얻을 수 있는 이익과 회피할 수 있는 위험에 대한 가치를 의미하며 외재가치(extrinsic value)라고도 한다. 옵션가격은 내재가치와 시간가치의 합으로 구성되므로 시간가치는 옵션가격과 내재가치의 차이를 말한다.

시간가치 = 옵션가격 − 내재가치

옵션이 시간가치를 가지는 이유는 기준물의 가격이 향후 더욱 유리하게 변하게 될 가능성이 있기 때문이다. 시간가치는 현재 내재가치가 없는 등가격상태 또는 외가격상태인 경우 향후 기준물 가격이 변화하여 내재가치를 가지게 될 가능성에 대한 가치이며, 현재 내재가치가 있는 내가격상태의 경우에는 내재가치가 증대될 가능성에 대한 가치를 말한다.

1.2 콜옵션가격의 구성

콜옵션이 내가격상태에 있을 때 옵션을 행사하여 시장가격(S)과 행사가격(X)의 차이만큼 이익이 발생하므로 내재가치는 주가상승에 비례하여 증가한다. 그러나 등가격이나 외가격상태에 있을 때에는 옵션을 행사해도 이익을 얻을 수 없으므로 내재가치는 0이 된다.

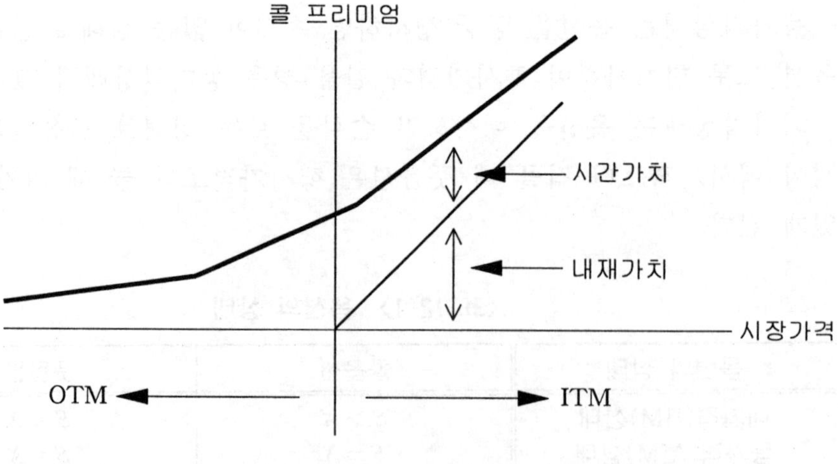

[그림 12-1] 시장가격에 따른 콜옵션의 내재가치와 시간가치의 변화

콜옵션의 시간가치는 콜옵션의 가격에서 콜옵션의 내재가치를 뺀 값이므로 등가격이나 외가격상태에서 콜옵션 가격은 모두 시간가치이다. 콜옵션은 시장가격이 상승하는 경우 내재가치가 상승하면서 프리미엄이 증가하게 되는데 시간가치는 감소하게 된다.

1.3 풋옵션가격의 구성

풋옵션이 내가격상태에 있을 때는 옵션행사로 행사가격과 시장가격의 차이만큼 이익이 발생하므로 내재가치는 주가하락에 비례하여 증가하게 된다. 그러나 등가격이나 외가격상태에 있을 때는 옵션을 행사해도 이익을 얻을 수 없으므로 내재가치는 0이 된다.

풋옵션의 시간가치는 풋옵션 가격에서 내재가치를 뺀 값이다. 풋옵션 프리미엄은 가격상승에 따라 하락하고 가격하락에 따라 높아진다. 내재가치의 상승에 따라 프리미엄은 증가하지만 시간가치는 감소한다.

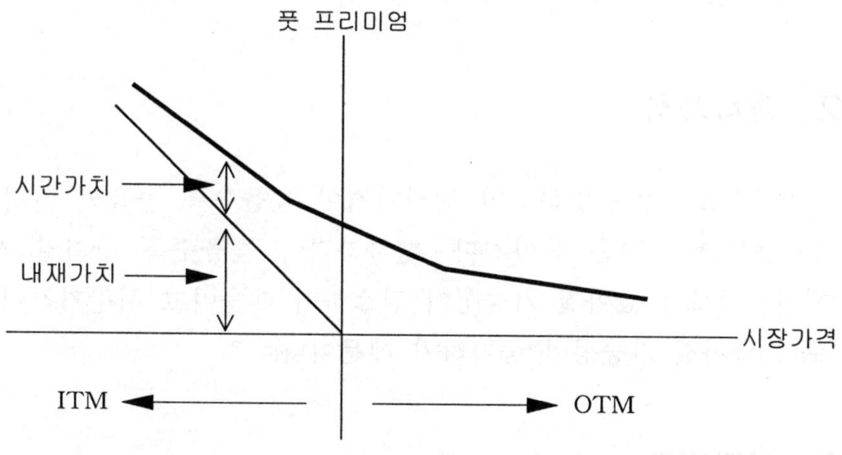

[그림 12-2] 시장가격에 따른 풋옵션의 내재가치와 시간가치의 변화

2. 옵션가격의 결정요인

옵션가격은 기준물의 시장가격과 가격변동성, 주식인 경우 배당금, 통화옵션의 경우 통화에 대한 이자율 등과 같은 기준물의 특성과 행사가격, 만기일 등 옵션 자체의 조건에 따라 달라진다. 무위험이자율에도 영향을 받으나 투자자들의 위험에 대한 태도나 기준물의 기대수익률 등과는 무관하다.

2.1 시장가격

콜옵션은 주식의 시장가격이 행사가격보다 높아야 초과하는 부분만큼 이익을 얻을 수 있다. 풋옵션은 시장가격이 행사가격보다 낮을수록 이익을 얻을 수 있다.

2.2 행사가격

모든 조건이 동일하다면 행사가격이 높을수록 콜옵션 가격은 낮아지고 풋옵션 가격은 높아진다. 행사가격이 높을수록 만기일 시장가격이 행사가격보다 높아질 가능성이 감소하기 때문이고 시장가격이 행사가격보다 낮아질 가능성이 증가하기 때문이다.

2.3 가격변동성

가격변동성이 커진다는 것은 주가의 상승폭과 하락폭이 커진다는 것을 의미한다. 옵션은 변동성이 불리하게 움직이면 손실위험을 한정시키지만 유리한 방향으로 움직이면 이익을 증가시킬 수 있다. 따라서 가격변동성이 크다는 것은 이익을 확대시킬 수 있음을 뜻한다.

2.4 잔존기간

잔존기간은 행사가격의 현재가치와 가격의 변동성에 영향을 미치고 콜옵션 가격에 영향을 미치게 된다. 잔존기간이 길수록 만기일 행사가격의 현재가치가 작아지므로 콜옵션 가격이 높아지고, 가격의 변동성이 커지므로 콜옵션 가격은 높아진다.

풋옵션은 반대로 잔존기간이 길수록 행사가격의 현재가치가 작아지므로 풋옵션 가격이 낮아지게 되고, 가격의 변동성이 커지므로 풋옵션 가격이 높아진다.

잔존기간이 풋옵션 가격에 두 가지 영향을 미친다. 일반적으로 변동성 증가로 인한 가격상승효과가 행사가격의 현재가치 감소로 인한 가격하락효과보다 크기 때문에 잔존기간이 길수록 풋옵션 가격은 높아진다.

2.5 무위험이자율

이자율이 높을수록 주가의 기대수익률이 상승하지만 보유자가 받게 될 미래의 현재가치는 하락하게 된다. 따라서 무위험이자율이 옵션가격에 미치는 영향은 명확하지 않다.

콜옵션의 경우 이자율이 높을수록 기대수익률을 상승시켜 주가가 상승하므로 옵션가격이 상승하지만, 미래의 현재가치가 하락하는 경향이 있다. 단지 미래 현재가치의 하락이 크지 않기 때문에 콜옵션 가격은 이자율 증가에 따라 증가한다고 볼 수 있다.

풋옵션의 경우 이자율 증가에 따라 기대수익률이 상승하더라도 옵션가격이 상승하지 않는다. 또한 보유자의 미래 현재가치도 하락하기 때문에 이자율과 반대방향으로 움직인다고 볼 수 있다.

2.6 기준물에 대한 배당

배당이 클수록 주가가 하락하여 행사가격보다 높아질 가능성이 감소하기 때문에 콜옵션 가격은 하락한다. 풋옵션의 경우 배당이 클수록 주가하락의 가능성이 커지므로 풋옵션 가격은 상승한다.

〈표 12-2〉 옵션가격 결정요인과 옵션가격 사이의 관계

가격결정요인	콜옵션가격(C)	풋옵션가격(P)
기초자산의 시장가격(S)	(+)	(−)
행사가격(X)	(−)	(+)
가격변동성(σ^2)	(+)	(+)
잔존기간(T)	(+)	(+)
무위험이자율(R_f)	(+)	(−)
주식의 배당(D)	(−)	(+)

3. 옵션의 가격범위

현물가격과 비교하여 콜옵션의 가격범위와 풋옵션의 가격범위에 대해 살펴보고자 한다.

3.1 콜옵션의 가격범위

옵션은 의무는 없고 유리할 경우에만 권리를 행사할 수 있기 때문에 만기일에 반드시 0 이상의 가치를 갖는다. 옵션가격은 0보다 크거나 같아야 하므로 콜옵션가격도 0보다 크거나 같다($C \geq 0$).

콜옵션가격(C)은 현물가격(S)보다 클 수 없다($C \leq S$). 만일 콜옵션가격이 현물가격보다 크다면 투자자는 콜옵션을 매도하고 상대적으로 저렴한 주식을 매입함으로써 옵션가격과 현물가격의 차이($C-S$)만큼 초과수익을 얻을 수 있다.

콜옵션가격은 현물가격에서 행사가격을 무위험이자율로 할인한 현재가치를 뺀 값보다 크거나 같다.

$$C \geq S - \frac{X}{(1+R_f)^T}$$

이 관계가 성립하지 않으면 콜옵션가격이 저평가되어 있으므로 현물을 공매하고 콜옵션을 매입하는 차익거래를 통해 이익을 얻을 수 있다.

일반적으로 미국식 옵션이 유럽식 옵션의 가격보다 높게 형성된다. 배당이 있는 미국식 콜옵션은 만기 이전에 행사할 요인이 존재한다. 배당이 실시될 경우 주가가 하락하게 되므로 옵션의 내재가치 또는 이에 상응하는 만큼 하락하게 된다.

옵션보유자는 배당일 이전에 권리를 행사함으로써 내재가치의 하락을 막을 수 있지만 옵션이 지니고 있는 시간가치를 포기해야만 한다. 따라서 만기일 이전의 권리행사는 배당금의 크기와 시간가치의 크기에 의해 결정해야 한다.

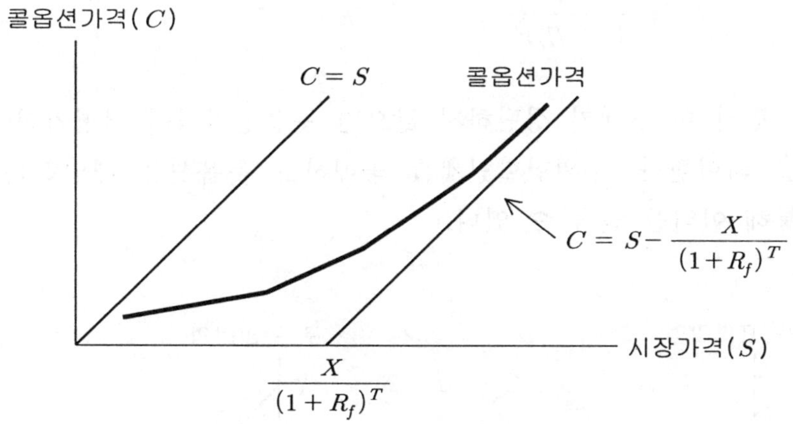

[그림 12-3] 콜옵션가격의 범위

3.2 풋옵션의 가격범위

풋옵션가격(P)도 유리한 경우에만 권리를 행사하기 때문에 0보다 크지만 행사가격(X)보다 클 수는 없다. 만일 행사가격보다 크다면 풋옵션을 매도하고 현물을 매입하여 최소한 ($P-X$) 이상 차익거래가 발생한다.

풋옵션은 주가가 0일 때 최대 행사가격만큼 이익을 얻게 되므로 행사가격보다 클 수는 없다.

$$P \leq X$$

유럽형 풋옵션은 만기에만 행사가격을 받고 주식을 팔 수 있으므로 현재의 풋옵션가격은 행사가격을 무위험이자율로 할인한 현재가치보다 클 수 없다.

$$P \leqq \frac{X}{(1+R_f)^T}$$

만일 이 관계가 성립하지 않으면 풋옵션을 매도하고 무위험할인채를 매입함으로써 거래차익가 발생한다. 풋옵션가격은 행사가격을 무위험이자율로 할인한 현재가치에서 현물가격을 차감한 값보다 크다.

$$P \geqq \frac{X}{(1+R_f)^T} - S$$

만일 이 관계가 성립하지 않으면 풋옵션가격이 저평가되어 있다는 것을 의미한다. 무위험할인채를 공매하고 풋옵션을 매입하는 차익거래를 통해 이익을 얻을 수 있다.

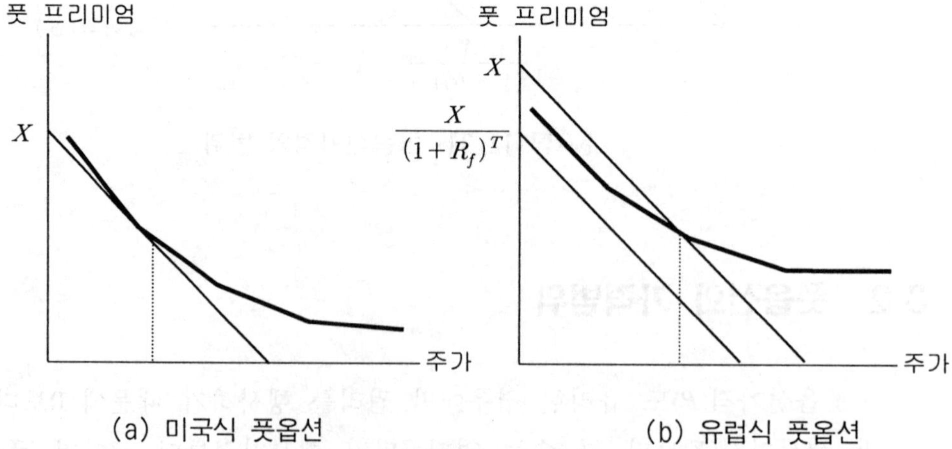

[그림 12-4] 풋옵션 프리미엄

4. 이항옵션가격결정모형

옵션가격결정을 설명하는 대표적인 이론으로는 이항옵션가격결정모형과 블랙·숄즈옵션가격결정모형 등이 있다. Sharpe(1978)가 처음 제안하고 Cox-Ross-Rubinstein(1979)에 의해 발전된 이항옵션가격결정모형에 대해 먼저 살펴보도록 한다.

4.1 가정과 의의

이항옵션가격결정모형은 기준물 가격이 이항분포(binomial distribution)를 보인다는 가정에서 출발하고 있다.

이항분포를 보인다는 것은 주식의 경우 주가가 매 거래기간마다 단지 한 번 변한다는 것을 의미한다. 주가는 기간마다 일정률로 상승 및 하락 두 가지로만 변동하고 주가의 상승 및 하락 확률도 일정하다고 가정한다. 주식시장과 옵션시장에서는 무위험차익거래가 발생하지 않는다고 가정한다.

이러한 가정하에서 주식과 옵션을 일정 비율로 결합하면 주가변동에도 투자수익을 일정하게 유지할 수 있는 무위험헤지포트폴리오를 구성할 수 있다. 그리고 균형시장에서 차익거래가 발생하지 않기 위해서는 무위험헤지포트폴리오의 수익률이 무위험이자율과 같아지는 수준에서 결정된 옵션가격이 적정옵션가격이라는 것이다.

4.2 이항분포와 완전헤지포트폴리오

안양전자의 현주가가 10,000원인데 1년 동안 30% 상승하거나 10% 하락할 것으로 예상하고 있다. 이 경우 발행된 만기 1년, 행사가격 11,000원인 콜옵션의 현재 적정가격을 알아보자. 대출과 차입이 가능한 무위험이자율은 연 5%이다.

이 주식의 1년 후 콜옵션 가치는 주가가 13,000원으로 상승하면 2,000원이 되고 9,000원으로 하락하게 되면 옵션행사가 없기 때문에 0의 가치를 가진다.

이제 만기일의 주가수준에 관계없이 투자수익을 일정하게 하는 완전헤지포트폴리오를 구성해 보자.

주식 1주와 콜옵션매도 2개를 결합하는 포트폴리오를 구성하면 아래 표와 같이 1년 후 주가수준에 관계없이 9,000원의 투자수익을 얻을 수 있는 무위험포트폴리오를 구성할 수 있다.

〈표 12-3〉 포트폴리오의 현금흐름

포트폴리오	기초현금흐름	1년 후 현금흐름	
		상승했을 경우	하락했을 경우
1주 주식매입 2개 콜옵션매도	−10,000원 $2C$	13,000 −4,000	9,000 0
계	−(10,000−$2C$)	9,000	9,000

기초투자금액(10,000−$2C$)과 1년 후 투자수익 9,000원을 무위험이자율로 할인한 현재가치인 8,450원과 일치하도록 콜옵션가격(C)을 다음과 같이 계산하면 775원이 된다.

$$10{,}000 - 2C = 8{,}450 \quad \Rightarrow \quad C = 775(\text{원})$$

여기서 계산된 콜옵션가격 775원은 차익거래를 통해 초과수익을 획득할 수 없도록 하는 적정가격이 되는 것이다.

4.3 헤지비율

무위험헤지포트폴리오를 구성하여 콜옵션가격을 추정하기 위해서는 주가에 관계없이 기말에 투자수익이 일정하도록 주식 1단위와 결합해야 하는 옵션의 수를 결정하는 것이다. 이 비율을 헤지비율이라 한다.

주가 등락과 관계없이 1기 후 가치를 일정하게 유지하는 무위험헤지 포트폴리오를 구성하기 위해 주식 1주에 대해 매도해야 하는 콜옵션 수는 2개였다.

주가가 변동한다고 가정할 때 헤지비율(h)을 구하는 공식은 다음과 같다.

$$h = \frac{\text{1기간 후 옵션가치의 범위}}{\text{1기간 후 주식가치의 범위}}$$

위 예에서

$$h = \frac{2{,}000-0}{13{,}000-9{,}000} = 0.5$$

가 되어 콜옵션매도 개수는 0.5의 역수인 2가 된다.

4.4 이항옵션가격결정모형의 특징

첫째, 옵션가치는 주가의 등락과 무관하게 결정된다. 투자자들이 옵션가격의 결정요인에 대해 동일한 예측을 하고 있다면 주가의 등락과 관계없이 콜옵션의 균형가격은 존재할 수 있다.

둘째, 옵션가치는 투자자들의 위험에 대한 태도와 관계없이 결정된다. 균형시장에서 무위험헤지포트폴리오의 수익률이 무위험이자율과 같아야 한다고 가정하고 있기 때문에 투자자의 위험회피와 무관하게 동일한 가격을 도출할 수 있다.

셋째, 옵션가치를 설명하는 확률변수는 기초자산의 가격뿐이다. 시장포트폴리오나 다른 포트폴리오의 가치와는 무관하게 결정된다.

5. 블랙 · 숄즈의 옵션가격결정모형

이항옵션가격결정모형은 현재가격과 행사가격을 이항분포에서 얻어지는 확률에 가중치로 주어 옵션가격을 계산하는 방법이다. 이와 유사한 논리를 적용하여 Black와 Scholes(1973)는 물리학의 열확산속도를 계산하는 공식을 응용하여 옵션가격을 산정하는 방법을 제시하였다.

5.1 가 정

블랙 · 숄즈옵션평가모형은 다음과 같은 가정에서 출발한다.

첫째, 기준물에 대한 거래가 연속적으로 이루어지므로 주가는 아주 미세한 시간 사이에서 연속적으로 변동하고 주식의 순간적 수익률은 일정한 기대치와 분산을 가진다.

둘째, 연속적 확률변수인 주가는 일일가격변동치가 로그정규분포를 따른다.

셋째, 옵션잔존기간 동안 연속적 무위험이자률은 변하지 않는다.

넷째, 가격변동성은 옵션의 잔존기간 동안 일정하다.

다섯째, 옵션의 만기일 이전에 주식에 대해 배당은 지급되지 않는다.

여섯째, 옵션의 행사는 만기일만 할 수 있는 유럽형 옵션모형을 가정한다.

5.2 옵션가격 결정식

위 가정에 의해 도출된 유럽형 콜옵션의 가격결정식은 다음과 같다.

$$C = S \cdot N(d_1) - \frac{X}{e^{R_f \cdot T}} \cdot N(d_2) \tag{12-1}$$

$$d_1 = \frac{\ln\left(\frac{S}{X}\right) + \left(R_f + \frac{\sigma^2}{2}\right)T}{\sigma \cdot \sqrt{T}} \tag{12-2}$$

$$d_2 = \frac{\ln\left(\frac{S}{X}\right) + \left(R_f - \frac{\sigma^2}{2}\right)T}{\sigma \cdot \sqrt{T}} = d_1 - \sigma \cdot \sqrt{T} \tag{12-3}$$

여기서, $C =$ 콜옵션 가격

$S =$ 현재 주식가격

$X =$ 행사가격

$e = 2.71828 \cdots$

$R_f =$ 연속복리로 계산된 연간 무위험이자율

$T =$ 연단위로 환산된 만기일까지 기간

$\ln(S/X) = (S/X)$의 자연로그

$\sigma^2 =$ 주식수익률의 순간적 분산

$N(d) =$ 표준정규분포에서 d까지의 누적확률

풋-콜 패리티에 의한 풋옵션가격

$$P = C - S + \frac{X}{e^{R_f \cdot T}}$$

에서 콜옵션가격(C)에 식 (12-1)을 대입하면 풋옵션의 가격결정식은 다음과 같다.

$$P = S \cdot N(d_1) - \frac{X}{e^{R_f T}} \cdot N(d_2) - S + \frac{X}{e^{R_f \cdot T}} \tag{12-4}$$

$$= \frac{X}{e^{R_f \cdot T}}[1 - N(d_2)] - S[1 - N(d_1)]$$

5.3 옵션가격의 계산

블랙 · 숄즈모형을 이용해 콜옵션가격을 구하는 절차는 다음과 같다.

첫째, 현재주가, 행사가격, 만기일, 주식수익률의 순간적 분산을 이용하여 d_1과 d_2를 계산한다.

둘째, $N(d_1)$과 $N(d_2)$는 d_1과 d_2까지의 누적확률을 의미하는데 표준정규분포표를 이용해 구할 수 있다.

주어진 자료와 $N(d_1)$과 $N(d_2)$를 콜옵션가격 결정식에 대입하면 콜옵션가격을 구할 수 있다.

사례 블랙 · 숄즈옵션가격결정모형을 이용하여 콜옵션가격과 풋옵션가격을 구해 보자.

현재주가(S_0) = 10,000원

행사가격(X) = 10,000원

연속복리 무위험이자율(R_f) = 10%

만기(T) = 3개월

주가수익률의 순간적 표준편차 = 0.2

$$d_1 = \frac{\ln\left(\frac{10,000}{10,000}\right) + \left(0.1 + \frac{0.2^2}{2}\right)0.25}{0.2\sqrt{0.25}} = 0.6$$

$$d_2 = 0.6 - 0.2\sqrt{0.25} = 0.5$$

표준정규분포표를 이용해 누적밀도도 함수값 $N(d_1)$과 $N(d_2)$를 찾으면 $N(d_1)$는 0.7257, $N(d_2)$는 0.6915가 된다.

$$\begin{aligned} C &= S \cdot N(d_1) - \frac{X}{e^{R_f T}} \cdot N(d_2) \\ &= 10,000 \times 0.7257 - \frac{10,000}{e^{0.1 \times 0.25}} \times 0.6915 \\ &= 512.73 \end{aligned}$$

$$P = C - S + \frac{X}{e^{R_f \cdot T}}$$

$$= 512.73 - 10,000 + \frac{10,000}{e^{0.1 \times 0.25}}$$

$$= 265.82$$

콜옵션의 현재가격은 512.73원, 풋옵션의 현재가격은 265.82원이 된다.

5.4 블랙 · 숄즈모형의 의미

블랙 · 숄즈모형에서 가장 중요한 의미를 갖는 값은 옵션의 델타(delta)라고 불리는 $N(d_1)$이다. $N(d_1)$의 의미는 다음과 같다.

첫째, $N(d_1)$은 현재 주가에서 주가변동에 대한 옵션가격의 민감도(기울기)를 의미한다.

주가가 1원 변할 때 콜옵션은 $N(d_1)$원만큼 변하고 풋옵션이 $-[1-N(d_1)]$원만큼 변한다는 것을 의미한다. 이때 $N(d_1)$은 0에서 1사이의 값을 갖기 때문에 주가가 상승하면 콜옵션은 상승하고 풋옵션은 하락한다. 주가변동에 따른 옵션가격 변동액은 주가변동액보다 클 수 없다.

둘째, $N(d_1)$는 헤지비율을 의미한다.

무위험헤지포트폴리오를 구성하고자 한다. 주식 1주를 매입할 때 매도해야 할 콜옵션 수는 $1/N(d_1)$개이며 콜옵션을 1개 매도할 때 매입할 주식수는 $N(d_1)$주이다.

주식 1주를 매입할 때 무위험헤지포트폴리오를 구성하기 위해 매입해야 할 풋옵션 수는 $1/[1-N(d_1)]$개이며, 풋옵션 1개를 매입할 때 무위험헤지포트폴리오를 구성하기 위해 매입해야 할 주식수는 $[1-N(d_1)]$주이다.

연습문제

1. 옵션가격의 내재가치와 시간가치에 대해 설명하시오.

2. 콜옵션가격의 구성과 풋옵션가격의 구성을 서로 비교하여 설명하시오.

3. 옵션가격결정을 시장가격과 가격변동성, 배당금, 행사가격, 만기일의 요인으로 설명하시오.

4. 콜옵션의 가격범위에 대해 설명하시오.

5. 풋옵션의 가격범위에 대해 설명하시오.

6. 이항옵션가격결정모형의 가정과 의의에 대해 설명하시오.

7. 완전헤지포트폴리오의 의미와 사례를 들어 설명하시오.

8. 헤지비율의 의미와 공식에 대해 설명하시오.

9. 블랙・숄즈옵션평가모형의 가정에 대해 설명하시오.

10. 블랙・숄즈모형에서 중요한 의미를 갖는 옵션의 델타에 대해 설명하시오.

찾아보기

[ㅇ]

[영문]

||| 저자약력 |||

■ 이 성 효

-서울대학교 경영학과
-State University of New York at Buffalo, MBA
-State University of New York at Buffalo, 경영학박사
-제일경제연구소 연구위원
-보람은행 연구위원
-(현재) 명지대학교 경영학부 교수 겸 경영연구소장
-주요논문

- Some new evidence on why companies use convertible bonds.
- The impact of earnings and dividend information on the valuation consequences of external financing announcements.
- Convertible bond financing : The significance of costs of financial distress and growth funding needs.
- 신용등급의 정보기능과 한국주식시장의 효율성
- 기업부채의 투자변동성 확대효과에 관한 실증적 연구 등

■ 최 정 일

-서강대학교 수학과
-서강대학교 경영대학원, 경영학석사
-명지대학교 대학원, 경영학박사
-동서경제연구소 증권조사부 연구원
-동서증권 및 동서투자자문 펀드매니저
-교보증권 리서치센터 투자분석팀 팀장
-(현재) 성결대학교 사회과학대학 경영학부 교수
-주요저서

- 증권분석의 이해(2005)
- 증권시장의 이해(2005)
- 캔들차트 분석(2001)
- 주식 · 선물시장의 기술적 분석(1999)
- 증시대탐험! 최정일의 주식이야기(1999) 등

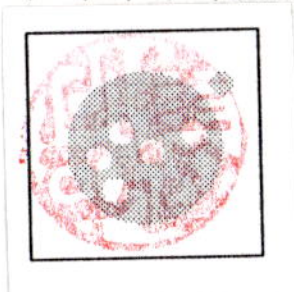

증권투자론

1판 1쇄 발행 2006년 9월 1일

저 자 이성효 · 최정일
발행인 남 승 우

발행처 남두도서
서울특별시 동작구 사당3동 220-43
TEL : (02)595-1692~4
FAX : (02)595-1394
E-mail : namdoo6@unitel.co.kr
신고 : 5-76호 (1998. 11. 4)

정가 17,000 원

ISBN 89-5780-072-7 13320
ISBN 978-89-5780-072-0 13320